JE SUIS MUSULMANE VOILÉE ET NON JE NE SAIS PAS FAIRE LE COUSCOUS !

MARIE-ODETTE MARYAM PINHEIRO

Je suis musulmane voilée et non je ne sais pas faire le couscous !

Les tribulations d'une Française dans son propre pays

2ᵉ édition
Avril 2021

Le code de la propriété intellectuelle n'autorisant, aux termes de l'article L122-5, deuxième et troisième (a) d'une part, que les « copies ou reproductions strictement réservées à l'usage privé du copiste et non destinés à une utilisation collective » et, d'autre part, que les analyses et les courtes citations dans un but d'exemple et d'illustration, « toute représentation ou reproduction intégrale, ou partielle, faite sans le consentement de l'auteur ou ses ayants-droit, ou ayants-cause, est illicite » (art. L122-4). Cette représentation ou reproduction, par quelque procédé que ce soit, constituerait donc une contrefaçon sanctionnée par les articles L335-2 et suivants du code la propriété intellectuelle.

Tous droits d'adaptation, de reproduction et de traduction réservés pour tous pays.

Copyright © Marie-Odette Maryam Pinheiro 2021

Edition : BoD – Books on Demand,
12/14 rond-point des Champs-Élysées, 75008 Paris
Impression : BoD – Books on Demand, Norderstedt, Allemagne

Blog : **Couscous & Méditation**
Insta : **@marieodettemaryam**

Dépôt légal : avril 2021

ISBN n° 978-2-322200658

Couverture réalisée par Imene HT
Instagram : @imene.designs - Mail : imene.designZ@gmail.com

« Chacun voit midi à sa porte. »

Merci à Dieu pour tous les bienfaits dont Il m'a gratifiée et que je ne saurai dénombrer.

Merci à mes parents qui m'ont toujours soutenue. Paix à l'âme de mon père. Maman, je t'aime.

Merci à mon mari et à mes quatre enfants qui illuminent ma vie.

Merci à ma famille et à ma belle-famille. La famille, c'est sacré !

Merci à mes amies Sabah et Salima, qui sont toujours là.

Merci à mes voisins qui me rendent mon quotidien plus doux.

Merci à tous ceux qui ont fait un bout de chemin avec moi (petit ou grand) et qui m'ont permis d'arriver là où je suis.

Merci à Marie qui a été le déclencheur de ce livre et merci à tous ceux qui étaient intéressés par lire mon premier livre et qui ne m'ont pas fait de retour. Cela m'a permis d'écrire celui-ci.

À tous mille mercis.

Sommaire

Préface 13
Introduction 15
Le couscous et moi 17
Comment j'en suis arrivée à l'islam 19
L'islam tel que je le ressens 25
Pourquoi je me voile 31
T'as pas chaud comme ça ? 37
Ça ressemble à quoi une famille musulmane ? 39
La foularophobie 43
Comment je suis devenue célèbre (ou presque) 57
Mon expérience avec la politique 63
Elle est bizarre, la police ! 73
Notre belle et noble laïcité (ou ce qu'il en reste !) 77
Liberté – Égalité – Fraternité 95
L'Amérique 103
Le communautarisme 109
Chez le docteur 115
La polygamie 127
Au revoir 131
Conclusion 133
Postface 135

Mes contacts 137
Du même auteur.. 139

Préface

Lorsque Marie-Odette Maryam Pinheiro m'a contactée pour rédiger une préface de la réédition de son livre, je n'ai pas hésité une seconde. Je dois dire que c'est un honneur pour moi de contribuer à propager cet ouvrage savoureux. J'en garde d'ailleurs un souvenir impérissable comme souvent lorsqu'on passe un bon moment !

Outre le second degré, l'humour et la dérision, ce livre tord le cou aux idées nauséabondes et aux clichés qui circulent sur le voile. L'autrice nous retrace avec mordant et dérision un quotidien semé d'embuches. Elle dit tout haut ce que vivent les musulmanes tout bas, sans parvenir à se faire entendre !

Ce livre est un témoignage, mais surtout un hymne à la tolérance et au respect.

Les personnes atteintes de pathologie du sens de l'humour ou tout simplement en panne sont gentiment priées de passer leur chemin. Ou peut-être pas, car l'humour vient en riant ! Et c'est par le rire et l'engagement que l'autrice tend à nous réunir.

Cet ouvrage doit être propagé, relayé, partagé afin de se retrouver dans le sillon de personnes ouvertes et disposées à comprendre et à entendre.

Combattre l'ignorance et remédier aux clivages par l'humour, parce que vivre ensemble n'a rien d'une utopie.

Et surtout parce que je suis musulmane voilée et que non... je ne sais pas faire le couscous !

Je vous souhaite de passer un agréable moment et je remercie Marie-Odette Maryam de m'avoir donné l'opportunité d'être associée à ce projet d'utilité publique.

Que la paix soit sur vous.

Emilie Fatiha, auteure
« *C'était un vendredi* » et « *6 jours* »

INTRODUCTION

Ce livre m'a été inspiré après une longue conversation très enrichissante avec Marie, à qui je demandais son avis « extérieur » sur mon livre « *Coran et Développement personnel – Regards croisés* », avant de l'éditer.

Elle était très curieuse de lire un livre venant de moi, musulmane, voilée. Et d'ailleurs une de ses collègues aussi (*Une musulmane voilée, ça sait écrire ? J'aimerais bien voir ça !*). Avant de savoir de quoi il s'agissait.

Elle a été très franche, et je l'en remercie : lorsqu'elles ont découvert qu'il s'agissait de versets du Coran, plus personne n'était intéressé (*Euh... excuse-moi, j'ai déjà une tonne de livres à lire en ce moment !*). Elle m'a dit que justement ça énervait sa collègue que les musulmans ne parlent qu'à coups de versets du Coran.

Quand t'es musulman, tu peux citer Jamel (coucou Jamel !) mais pas le Coran. Le Coran, ce n'est pas un livre, c'est une bombe ! Ça peut être dangereux ! Il faut le citer avec moult précautions !

Elles, ce qui les intéressait, c'était de connaître ma vision des choses, de savoir comment je vivais.

Je n'ai jamais pensé que cela pouvait intéresser qui que ce soit. Parce que ma vie est on ne peut plus banale. Pour une musulmane, voilée.

Je vais aux fêtes de Noël de l'école de mes enfants, je vais aux forums des associations et aux fêtes des sports. J'accompagne les enfants à l'accrobranche. Je fais des pétitions. J'ai côtoyé les médias, les politiques, la police et la laïcité. J'ai été discriminée et agressée. On m'a volé. J'ai émigré. J'ai chaud et j'ai froid. Je vais même chez le docteur. Donc je ne vois vraiment pas ce qui peut intéresser. Mais, puisque vous insistez...

Je dois par contre commencer par plusieurs mises en garde.

Premièrement. Le sujet de l'islam est très sérieux (vous avez vu les têtes d'enterrement que font les gens dans les débats sur l'islam ?). On parle même du danger de l'islam (attention, rien qu'en prononçant le mot, une bombe pourrait sauter !) ! Alors, moi, je vais essayer de dédramatiser le sujet.

Deuxièmement. Puristes de la langue, je vous préviens : au début j'essaie de bien parler. Puis, en acquérant de la confiance, je me laisse aller. Alors, comme j'écris comme je parle, quelques négations risquent de sauter (non, toujours pas de bombe !). Même avec la ponctuation, j'ai pris quelque liberté (avec l'âge, je commence à me désinhiber). Et puis tantôt je vouvoie tantôt je tutoie. J'espère que cela ne vous/te dérangera pas.

Troisièmement. Je préviens les âmes sensibles et pieuses : la langue de bois, je ne connais pas ! Alors, par moments, vous risquez d'être choquées.

Si vous êtes toujours sûr de vouloir me suivre, ne serait-ce que pour satisfaire votre curiosité, on y va. En voiture, Simone !

Le couscous et moi

Convertie il y a vingt-quatre ans, j'ai porté le foulard cinq ans plus tard. Et, bien souvent, lorsque l'on me rencontre pour la première fois on me dit : « J'adore le couscous ! Tu dois savoir bien le cuisiner ! » Eh bien, non, je ne sais pas faire le couscous ! Chez moi, c'est mon mari qui le fait. Moi, je cuisine très mal. Le peu que je sais faire, c'est mon mari qui me l'a appris. Même avec le dernier *Thermomix* super connecté, j'arrive à rater les recettes. Le *Thermomix* m'a réconciliée avec la cuisine mais n'a pas l'air d'avoir réconcilié mon mari et mes enfants avec MA cuisine. Du coup, mes repas ressemblent plutôt à jambon-purée, comme chez des Français « normaux », à la seule différence que je consomme du jambon de dinde halal.

Alors, je tiens à préciser un point : eh bien non, en adoptant l'islam pour religion, les recettes du couscous et des cornes de gazelle ne me sont pas tombées dessus ! Je suis devenue musulmane, pas arabe ! Mon identité n'a pas changé ! Même si je préfère qu'on m'appelle Maryam plutôt que Marie-Odette.

Alors pourquoi tu préfères qu'on t'appelle Maryam ? C'est bien un prénom arabe, non ?

En fait, lorsque je me suis convertie, je croyais qu'il fallait prendre un prénom arabe. Je l'ai donc choisi avec soin. Maryam veut dire Marie en arabe. C'est le prénom de la mère de Jésus. C'est la traduction d'une partie du prénom que m'ont donné mes parents et je ne voulais pas m'éloigner de leur choix.

Bien plus tard, j'ai appris que, sauf exception, il n'était pas obligatoire de prendre un prénom arabe. Mais cela m'arrangeait bien qu'on m'appelle Maryam. Vous ne pouvez pas imaginer comment j'ai galéré avec Marie-Odette, qui en plus est accolé à un nom de famille avec un H et un I que personne ne sait caser !

Ce prénom m'a valu bien des surnoms tels que Mamie Odette, Marie-Côtelette, Marie-Omelette, quand il ne se transformait pas en Marie-Odile. N'importe quel polémiste aurait trouvé à redire à ce prénom pourtant bien français, composé de deux prénoms qui se trouvent dans le calendrier des saints ! (Je ne vise aucun polémiste en particulier sinon on va me mitrailler. Je tiens à sauver ma peau !)

Déjà, à la base, on ne m'appelait que Odette. Puis, selon les phases de ma vie, ce fut Marie-O, Marie, MOP, Marie-Oma. Bref, mon prénom a toujours été dénaturé. Donc, je n'étais pas à ça près.

Je pardonne à mes parents quand même. Pour choisir ce prénom, il fallait qu'ils l'aiment (vous connaissez, vous, des parents qui choisissent exprès des prénoms qu'ils n'aiment pas à leurs enfants ?).

Bon OK, mais comment t'en es arrivée à l'islam ?

Comment j'en suis arrivée à l'islam

En fait, un événement majeur dans ma vie m'y a menée. Lorsque mon mari, musulman, qui n'était pas encore mon mari, m'a demandé ma main, je n'étais pas musulmane et il m'a dit : « À une condition : que tu te convertisses. » Là, j'entends très bien les musulmans se dire : *« Quel homme ! Quel courage ! »* et les non-musulmans : *« Mais quelle horreur ! »*. Eh bien, en tant que non-musulmane, j'ai été effectivement choquée et je lui ai répondu que ce qu'il me demandait était trop grave et que je ne pouvais pas lui donner une réponse tout de suite. Mais que j'allais faire l'effort de me renseigner quand même et que je lui donnerais ma réponse lorsque j'aurais bien réfléchi.

Mais, au fond de moi, c'était déjà tout réfléchi : j'avais déjà lu une traduction du Coran quelques années plus tôt, je n'y avais rien compris et je m'étais dit que c'était vraiment n'importe quoi. En plus je ne comprenais pas comment on pouvait accepter de se voiler, de ne pas boire d'alcool (je n'aimais pas trop l'alcool, mais un petit pastis à l'apéro, c'était quand même sympa !) ni manger du porc (j'aimais bien les rillettes !). J'avais aussi une copine algérienne au lycée et je ne comprenais pas qu'elle se laisse affamer pendant le Ramadan, moi qui aime bien manger. Donc, là, il s'agissait plutôt de gagner du temps pour regrouper tous les arguments afin de lui annoncer que c'était non.

À l'époque, Internet n'existait pas (enfin, je ne me souviens plus mais on n'avait même pas de portables ; pourtant, je vous jure, je suis née après la Préhistoire ! Mes enfants ont eu du mal à croire que je n'aie pas connu les dinosaures !). Je suis donc allée dans une librairie islamique sur Paris (à l'époque, c'était plutôt rare) où j'ai acheté tout ce que j'ai pu : des livres pour expliquer ce qu'était l'Islam, d'autres sur les piliers, et le Coran (enfin, une traduction). J'ai tout dévoré en un mois. Et là, ça a été LA ré-vé-la-tion ! Je découvrais que les musulmans aussi croyaient en Jésus !

Alors là, c'était la découverte du siècle ! Je croyais que les chrétiens avaient le monopole sur Jésus ! Ah oui, j'ai oublié de vous dire que j'ai été chrétienne catholique très pratiquante jusqu'à l'âge de dix-sept ans. J'ai été baptisée, communiée, communiée solennellement, confirmée, j'allais au caté (le catéchisme c'est l'équivalent de l'école « coranique » des petits musulmans (« *Mais non, ça n'a rien à voir !* » - Ah bon, vous n'aviez jamais vu les choses comme ça ?)). Je faisais partie d'un mouvement de jeunesse chrétienne qui menait des actions, par exemple, pour des orphelinats en Inde ; j'allais à la messe tous les dimanches où je faisais partie de la chorale ; je jouais des grandes orgues d'église lors des mariages. Et, la meilleure : à quinze ans, je voulais devenir religieuse ! Donc, vous voyez, Jésus occupait une grande place dans ma vie.

Alors, je vous entends déjà, *mais qu'est-ce qui s'est passé ?* Eh bien, à l'âge de dix-sept ans, l'âge de raison pour moi, je me suis excommuniée toute seule. Je ne comprenais plus rien à ce que me disait le prêtre : tantôt Jésus était le fils de Dieu, tantôt il était Dieu fait homme. Je ne comprenais pas comment on pouvait être père et fils à la fois, et en même temps homme et Dieu. Devant mon insistance, car j'aime bien avoir le dernier mot et j'ai un esprit assez rationnel, le prêtre me répondait : « C'est les mystères de la Foi, mon enfant ! » Je finissais par me demander s'il n'allait pas se changer en grand méchant loup ! En plus, je commençais à voir les vieilles dames de la chorale comme des sorcières (que Dieu me pardonne !). Elles qui faisaient de leur mieux pour chanter le moins faux possible à la messe, voilà qu'elles se laissaient aller à commérer sur leur prochain dès qu'elles en étaient sorties. Surtout si ce prochain était arabe.

Alors, j'ai pris mes distances pour ne pas me faire dévorer comme le Petit Chaperon Rouge, en gardant au fond de moi une grande croyance pour Jésus et pour Dieu, qui pour moi étaient deux entités bien distinctes. Et surtout il était insensé pour moi qu'on n'arrive de rien pour retourner dans rien, ce qui était, selon moi, la logique de l'athéisme. Je n'arrivais pas à m'imaginer le néant. Pour moi, il n'était pas possible non plus que la vie ne vaille rien, ce qui serait la conclusion logique de ce qui précède. La vie avait forcément un sens, régie par une Force supérieure. Dorénavant, je disais que j'étais déiste (un mot que je venais d'apprendre en cours de philo et qui veut dire que l'on croit en Dieu sans religion ; il faut bien que la philo serve à quelque chose !) Vous me suivez toujours ?

Donc, j'ai découvert que les musulmans croyaient en Jésus mais que ce n'était pas le fils de Dieu mais un prophète. En plus ils croyaient aussi à tous les autres prophètes dont on m'avait parlé au caté : Moïse, Noé, Abraham, etc. Là c'était diiiiiingue ! En plus, Marie, la mère de Jésus était la femme la plus élevée des mondes !!! Non mais, ils ont copié sur les cathos ! Par contre, j'ai fait la connaissance d'un petit nouveau parmi les prophètes, dont on ne m'avait jamais parlé au caté : Mohammed. J'ai fini par comprendre qu'il s'agissait du Mahomet dont j'avais déjà vaguement entendu parler.

Donc, j'ai dû reprendre mes esprits : non mais je ne vais quand même pas me laisser avoir ! Alors je lis le Coran que je viens d'acheter. Vu que je l'ai trouvé incompréhensible quelques années plus tôt, c'est forcément là que je vais trouver la faille ! Mais là, je ne comprends pas : ça n'a rien à voir avec ce que j'ai lu il y a quelques années ! Ils ont changé le Coran ou quoi ? Eh bien non ! Après tout ce que je venais de découvrir sur l'Islam, je comprenais enfin ce que je lisais ! Et en plus je trouvais ça magnifique ! Le Coran n'avait pas changé. C'est mon cœur qui avait changé.

Il fallait que je me rende à l'évidence : je comprenais enfin Jésus, Dieu, le Coran. Et l'islam était la continuité de ce à quoi j'avais toujours cru.

Dans la foulée, je me suis donc convertie et ai dit un grand oui à mon mari.

Maintenant, je comprends mieux la sagesse de sa demande. Vous vous souvenez ? Lorsque mon mari m'a demandée en mariage. Déjà que c'est la croix et la bannière (ou le croissant de lune et la bannière, en l'occurrence) en matière d'éducation des enfants lorsqu'on a la même religion, je n'ose même pas imaginer ce que ce doit être si on n'a pas la même religion ! On doit prier pour que son fils ait un phimosis pour faire accepter la circoncision à son conjoint ou à sa conjointe. Si j'aime le pastis et que mon mari n'a pas le droit de boire, comment je fais pour les enfants ? Je mets de l'eau dans le pastis ? Enfin bref, ce doit être super compliqué. Donc je suis bien contente d'avoir la même religion que mon mari. Ça m'évite une grosse partie des soucis liés à l'éducation. La circoncision ne pose pas de problème et le pastis a été remplacé par du soda. Donc, un grand merci à mon mari !

L'ISLAM
TEL QUE JE LE RESSENS

J'ai déjà entendu : « *L'islam est arriéré parce que c'est une religion tellement vieille !* »

Eh, oh, c'est la religion monothéiste la plus récente ! Elle date du VIIe siècle APRÈS Jésus-Christ. T'es au courant ?

Une religion où le divorce et la régulation des naissances sont autorisés, tu trouves ça arriéré ? T'en connais une autre qui les autorise ?

Bien sûr qu'il y a pas mal de choses qui nous sont interdites, comme l'alcool, le porc ou les jeux de hasard. On appelle ça le haram (à prononcer en roulant le R). Mais il y a encore bien plus de permissions ! On a quand même le droit de faire plein de choses ! On n'est pas en prison !

Pour nous, ces interdictions et ces permissions émanent de Dieu car, pour nous, le Coran, ce sont les paroles de Dieu transmises au Prophète Mohammed par l'intermédiaire de l'ange Gabriel (le même qui est venu annoncer la naissance de Jésus à Marie).

Dans la mesure où c'est Dieu, le Créateur de l'Univers, et qui par conséquent en connaît le mieux les dangers, qui nous dit ce qu'il faut faire et ne pas faire, eh bien on l'accepte. On se soumet (« soumission » est une signification du mot arabe « islam » ; l'autre signification étant « paix »). On sait que c'est pour notre bien. Vous aussi, parents, vous interdisez bien à vos enfants de mettre la main dans le feu. Pourtant, vous n'êtes ni injustes, ni méchants. Vous agissez pour leur bien. Vous, vous savez qu'il y a danger, mais pas eux. Pour eux, le feu, c'est beau, c'est chaud, c'est agréable. Eh bien, nous, on sait que Dieu (que les musulmans appellent Allah, mais qui n'est qu'une traduction du mot Dieu) est juste et bienveillant. Donc, on n'attend pas de se brûler pour le croire. On fait confiance.

« Qui te dit qu'il y a un Créateur ? » Euh, excuse-moi mais est-ce qu'il te viendrait à l'esprit que les objets qui t'entourent (portable, vêtements, maison, voiture, meubles...) se soient créés tout seuls ? Je suppose que non, c'est inconcevable (ou alors, je veux bien que tu m'en fasses la démonstration !). Alors, l'Univers et notre propre corps qui sont infiniment plus complexes car ils sont dotés de la vie, tu crois qu'ils ont pu se créer tout seuls ? Tu as le droit de le croire. Pour moi, c'est inconcevable. Donc je me soumets à mon Dieu, Celui qui m'a créée et me connaît mieux que quiconque.

Ce Créateur m'ordonne la prière, que je fais cinq fois par jour à des horaires prédéterminés selon les phases du Soleil, donc en phase avec la Nature. J'y récite le Coran qui est mon lien entre le Ciel et la Terre. Après ma prière je me sens reconnectée, ressourcée.

« Tu ne trouves pas que c'est un peu exagéré de prier sur commande cinq fois par jour ? » Pas du tout, à l'ère où l'on vante les mérites du yoga et de la méditation, je ne trouve pas que ce soit exagéré. Se déconnecter cinq fois par jour de ce monde ultra

connecté, ce n'est pas trop pour moi. Et c'est un bien que Dieu m'ait ordonné de prier cinq fois par jour, qu'il fasse chaud, qu'il fasse froid, que je sois bien ou déprimée. Parce que le yoga, dès qu'il fait froid, ça y est, tu n'y vas plus. Donc, fini les bienfaits du yoga ! Quand tu fais une activité qui ne t'est pas imposée, au début, tu es plein de bonne volonté, comme avec les bonnes résolutions de nouvelle année : méditation quinze fois par jour, yoga cinq fois par semaine. Mais, faute de motivation, tu finis par tout laisser tomber à la moindre contrariété ou dès que le temps est mauvais. Tandis que là, avec mes cinq prières imposées, je continue bon gré, mal gré, et j'en ressens les bienfaits.

Et puis, le fait que les horaires soient prédéterminés en fonction des phases du Soleil, je trouve ça très bien. Cela permet à un maximum de gens de prier au même moment, et donc de donner plus de puissance à ces prières.

Et, surtout, c'est Dieu qui me dit de prier à telle ou telle heure. Donc, il me donne rendez-vous. Il te viendrait à l'idée de ne pas aller à un rendez-vous avec ton boss ou d'être en retard ? Je suppose que non, sinon tu risques de perdre ton boulot. Là, c'est pareil, c'est THE Big Boss de l'Univers qui me donne rendez-vous. Celui qui est au-dessus de mon boss (bon, je n'en ai plus depuis longtemps, mais admettons que j'en aie un). Celui qui me maintient en vie, en bonne santé, qui assure ma subsistance. Alors, pas question de ne pas prier. Cela me permet de le remercier et de recevoir encore plus en retour. Quand on sait qu'en développement personnel la gratitude est essentielle pour attirer à soi ce que l'on veut (la fameuse loi d'attraction), on comprend le bien-fondé de la prière.

« C'est pas parce que tu pries, que tu vas être pris à un emploi ! » Bien sûr que non. Mais Dieu est au-dessus de moi, au-dessus de cet emploi, et Lui Il sait ce qui est bon pour moi, pas moi. Donc la prière, faite avec sincérité et gratitude, me garantit que c'est ce qui est bon pour moi qui m'arrivera. Si je perds cet emploi, c'est que c'est mieux pour moi et que quelque chose de mieux m'attend ailleurs. Donc, moi, dans mes prières, je ne demande pas ce que je veux mais ce qui est bon pour moi. Même si, je l'avoue, je dis quand même ce que je préférerais !

Je demande dans mes prières et surtout j'agis. Car ça ne va pas me tomber tout cuit dans l'assiette si je ne fais rien. Je fais les causes et le résultat appartient à Dieu. C'est pourquoi je suis toujours satisfaite quoi qu'il arrive.

Autre acte qui m'est imposé par l'islam : l'aumône légale, *zakat* en arabe. Il s'agit d'un petit pourcentage (2.5 %) que tu dois prélever sur tes biens, s'ils ont dépassé pendant un an un certain montant (en 2018, il est de 2885,40 euros – c'est précis). Donc, si pendant un an, tu as eu plus de 2855,40 euros sur ton compte, tu prélèves 2.5 % de la somme finale, et tu les donnes aux pauvres, aux nécessiteux.

« Tu ne trouves pas que c'est exagéré que ce soit la religion qui t'impose de distribuer une partie de tes biens aux pauvres ? » Pas du tout. C'est Dieu qui nous a créés et Il sait que l'homme est avare par nature. S'il ne nous l'imposait pas, toutes les richesses resteraient

entre les mêmes mains, celles des riches. Cela permet les flux d'argent et un partage équitable.

« *OK. Mais toi, tu te retrouves avec moins d'argent !* » Moi, je ne le vois pas du tout comme ça. Plus je donne, plus je m'enrichis. J'aurai peut-être moins d'argent mais j'aurai la *baraka*[1] sur ce peu d'argent. C'est-à-dire qu'il suffira largement à couvrir mes besoins. Et cela m'évitera des tuiles auxquelles je n'aurais pas pu faire face avec l'argent initial. Donc, quand je donne, j'agis pour mon bien. Je donne parce que je le vaux bien !

C'est pour ça que les musulmans sont si généreux. Parce que tu as le droit de donner en dehors de l'aumône légale. C'est comme ça qu'ils arrivent à construire autant de mosquées !

Je fais aussi le Ramadan. Je trouve ça génial de jeûner. Et les recherches prouvent que c'est un bienfait pour notre corps.

Pendant le Ramadan, je m'abstiens de manger et de boire depuis l'aube jusqu'au coucher du soleil. Mais ne pas boire, ne pas manger, ce n'est pas le plus difficile. Le plus difficile c'est de ne pas s'énerver. Parce que le jeûne doit être accompagné d'un comportement exemplaire.

En jeûnant, je me sens plus connectée en ce mois spirituel où ma seule nourriture en journée est le Coran, nourriture de l'âme. Je lis le Coran et je bois ses paroles.

---

[1] la bénédiction

Le Coran, j'ai découvert sa grandeur, en lisant le livre de Maurice Bucaille, « La Bible, le Coran et la Science », qui compare les données scientifiques contenues dans les livres religieux, dans leur langue d'origine (l'arabe pour le Coran et l'araméen pour la Bible) à la lumière de la Science. C'est tout à fait édifiant !

Puis, j'ai découvert la beauté du Coran en suivant les enseignements d'Ismaïl Mounir, dont j'apprécie la sagesse, et de Nouman Ali Khan, prédicateur américain dont la connaissance de l'arabe est phénoménale (merci mon Dieu de m'avoir permis de connaître l'anglais, à défaut de l'arabe !) et qui explique le Coran, presque lettre par lettre.

Et donc, pendant le Ramadan, avec un estomac reposé, je l'apprécie doublement car je suis encore plus connectée.

Alors, effectivement en islam il y a des choses permises et des choses interdites. Mais, pour moi, l'islam c'est bien plus qu'une liste d'autorisations et d'interdictions. C'est une chose qui se vit et se ressent avec le cœur (ça demande quand même du boulot !). L'Islam, c'est ce qui donne un sens à ma vie, c'est ce qui me donne de l'espoir, qui me permet de surmonter les épreuves, qui me permet d'apprécier tous les bienfaits dont j'ai été gratifiée, ne serait-ce que d'être vivante et, pendant que tous mes organes fonctionnent sans que j'aie à intervenir, d'avoir le temps de raconter ma vie. L'Islam, c'est ma vie !

« *OK. Mais pourquoi tu te voiles ?* »

Pourquoi je me voile

Pourquoi je me voile ? La réponse est simple. Elle est même très simple : je n'en sais rien.

Ce n'est pas un acte qu'on peut expliquer par la raison. Je suis la première surprise. Et, si l'on m'avait dit, plus jeune, que je serais plus tard musulmane et voilée, j'aurais éclaté de rire tellement c'était impossible !

Je vous explique : lorsque j'étais jeune, non musulmane (oui, après que j'ai quitté le christianisme), je faisais du… nudisme ! Oui, vous avez bien lu : du nudisme ! J'entends les éclats de rire des uns, les « *achouma*[2] *!* » des autres (désolée, mais le passé c'est le passé et on n'a pas à me reprocher ce que j'y ai fait : ça, c'était moi avant ; et là il est important que j'en parle), et j'imagine la surprise de mes enfants et de ma mère qui le découvrent (eh oui, Maman, lorsque j'étais en vacances à Arcachon j'allais faire du nudisme à côté du Petit Nice !). Ça, c'était donc dans ma période déiste. En tant que bonne chrétienne voulant devenir bonne sœur, je ne pense pas que je l'aurais fait.

Si j'en parle, c'est pour que vous compreniez bien que, faisant du nudisme, je n'étais pas rationnellement prédisposée à me voiler. *C'est pas possible, on a dû l'obliger !* Alors là, que les choses soient claires : ni

---

[2] « La honte ! »

mon mari, ni qui que ce soit d'autre ne m'a obligée à quoi que ce soit. Je suis assez grande pour prendre les décisions me concernant toute seule ! Bien sûr qu'il y a des femmes, des filles, qui sont contraintes de le porter par leur entourage. Mais c'est une pratique culturelle (de l'imposer), pas islamique ! L'islam n'impose rien à qui que ce soit !

En fait, cela faisait cinq ans que j'étais convertie, et depuis une bonne année, j'avais une petite voix dans la tête qui me disait : « Mets le foulard ! Mets le foulard ! ». Mais je faisais de la résistance.

Je me disais : « Je ne peux pas à cause de mes parents. » Ils ne savaient même pas que j'étais musulmane (sept cents kilomètres nous séparaient donc c'était plus facile à dissimuler). Ils savaient que je faisais le Ramadan et que je ne mangeais pas de porc mais ils pensaient que c'était par respect pour mon mari.

« Je ne peux pas à cause de mon travail. » J'étais assistante de direction trilingue et, même si j'étais en congé parental à ce moment-là, il faudrait bien que je retourne travailler un jour. Et je me voyais mal revenir avec un foulard sur la tête.

« Je ne peux pas à cause de mes enfants. » Ils n'étaient pas habitués et j'avais peur qu'ils n'aient honte de moi, tout comme j'avais honte quand ma mère me parlait portugais sur le chemin de l'école. (Ah oui, je ne vous ai pas dit : mes parents sont portugais. Avec un nom comme le mien, c'est difficile à cacher !)

Et puis un jour j'ai arrêté de résister. J'ai pris un foulard. Je l'ai arrangé sur ma tête. Et je ne l'ai plus quitté (enfin... j'en ai changé quand même depuis !). Ça a été l'occasion pour moi de révéler à mes parents que j'étais musulmane. Ils l'ont très bien pris. Mes enfants m'ont trouvée belle avec. Mon mari a été agréablement surpris. Et moi, terriblement soulagée d'avoir lâché prise. Bon, ça s'est un peu moins bien passé au travail à mon retour de congé parental. Mais je vous le raconterai après.

Tout ça pour dire qu'on ne se lève pas un beau matin en se disant : « Tiens, et si je mettais le foulard ! ». C'est le fruit d'un long cheminement. D'autant que le jour où on le met, on prend deux décisions en même temps : celle de le mettre et celle de ne plus l'enlever.

Ce n'est pas un effet de mode, ce n'est pas de la provocation : j'ai répondu à un appel. Je ne sais pas d'où venait cette petite voix à laquelle j'ai répondu mais je sais qu'elle me voulait du bien car je me suis sentie tellement mieux une fois voilée ! Donc, non, en tout cas pour ma part, ce n'est pas de la provocation. Je ne porte le foulard ni pour ni contre les autres. Je le porte pour moi.

J'entends aussi : *« Le voile, c'est un enfermement ! »* Alors, là, si je peux me permettre : vous l'avez déjà mis, pour savoir ? Vous vous sentez enfermé quand vous mettez une capuche ? Je ne me sens absolument pas enfermée dans mon foulard et, je vous rassure, il n'est pas greffé à ma tête. Mon foulard, pour moi, est une source d'épanouissement. Je ne saurais expliquer pourquoi. La seule chose que je sais c'est que je me sens beaucoup mieux depuis que je le porte et que la petite voix m'a laissée en paix.

« *Mais il n'est pas dit dans le Coran qu'il faut se voiler !* » Alors, effectivement, ce n'est pas dit comme ça mot pour mot, d'où l'intérêt de connaître le contexte de la Révélation. Il est dit à deux reprises, si je ne me trompe pas, de dire aux femmes de rabattre un pan de leur voile sur leur poitrine. Le voile était déjà une coutume de l'époque. Il est sous-entendu que les femmes doivent le garder sur la tête et couvrir en plus leur poitrine, c'est-à-dire : fini les décolletés !

On me dit aussi : « *Tu mets le voile alors que d'autres l'enlèvent !* » Mais chacune fait ce qu'elle veut ! La question n'est pas de mettre ou de retirer le voile, car en vrai nous menons le même combat : celui d'être libre de s'habiller comme l'on veut !

J'ai même déjà entendu parler de la dimension politique du voile. Non mais, ça va pas ?! Je suis suffisamment déçue par les politiciens pour ne pas avoir envie de faire de la politique. Donc, non, je ne fais pas de politique avec mon voile. Avec mon voile, je suis moi. Tout simplement. Point barre.

« *Dans les cités, les filles ne sont respectées que si elles sont voilées.* » Wesh, gros, c'est du grand n'importe quoi. Mais qui t'es toi, pour juger que quelqu'un est respectable ou pas ? Tu te crois parfait ? Comme l'a dit Jésus : « Que celui qui n'a jamais péché lui jette la première pierre ! » (Ça, c'est un reste de caté !).

Moi, ce qui m'interpelle, c'est que lors des (trop) nombreux débats sur le voile, on voit beaucoup de gens (des spécialistes, il paraît). Mais pas une seule femme voilée. Même dans une émission sur les chiens, il y a au moins un chien sur le plateau ! Certes, le débat est limité car il ne sait pas parler. Mais… Ah mais oui ! C'est ça le problème : c'est que la femme voilée, elle, elle sait parler ! Et ça pourrait déranger ! À moins qu'on ne pense qu'elle ne saura pas s'exprimer !

Alors, sans vouloir vous vexer, messieurs les journalistes, ce serait peut-être bien d'en inviter une un jour, au lieu de l'éviter (ce sera peut-être aussi l'occasion pour elle de sortir puisqu'elle est enfermée ! - Non mais, franchement des fois on entend vraiment n'importe quoi !). Vous pourrez ainsi lui demander ce qu'elle en pense du voile, puisque c'est elle qui le porte. Qu'en sait-on si elle est malheureuse, si elle le vit comme un enfermement, si elle est enfermée ? Elle seule peut répondre. On n'est pas à sa place. Il ne vous viendrait sûrement pas à l'idée d'interroger un cordonnier sur la situation des agriculteurs !

T'AS PAS CHAUD COMME ÇA ?

« *T'as pas chaud comme ça ?* ». Alors ça, c'est la question ultra-méga-existentielle à laquelle j'ai droit dès qu'il fait 25° dehors, voire moins.

Alors, c'est très gentil de s'inquiéter pour moi mais je rassure tout le monde. Je ne suis pas un bébé ! Je sais réguler ma température et je peux m'en apercevoir toute seule si j'ai chaud ou pas ! Je n'ai pas besoin qu'on me le rappelle sans cesse (des fois que j'aurais oublié que j'ai chaud) ! En plus je sais exprimer ce que je ressens. Si j'ai TROP chaud, je saurai le dire ou faire le nécessaire pour avoir moins chaud.

Je vous rassure aussi. Quand il fait chaud, TOUT LE MONDE a chaud. J'ai même remarqué que les personnes les plus dévêtues sont les premières à se plaindre de la chaleur. Alors, même si j'ai l'air emmitouflée, ne laissant apparaître que mon visage et mes mains, j'ai chaud comme tout le monde mais je n'ai pas TROP chaud. Qu'on se le dise !

Et puis, premièrement, je fais en sorte de porter des vêtements qui ne me portent pas trop chaud. Deuxièmement, je n'y pense pas ! Je ne vais pas passer mon temps à me focaliser sur la chaleur qu'il fait ! J'ai bien mieux à faire ! Et puis, en fait, mon foulard me protège du soleil. Vous avez déjà vu un Touareg tête nue ?

Alors merci, la prochaine fois, de me parler d'autre chose que de la chaleur. Il y a quand même des sujets beaucoup plus passionnants ! Vous voulez que je vous prépare une liste ?

ÇA RESSEMBLE À QUOI UNE FAMILLE MUSULMANE ?

Ça ressemble à quoi une famille musulmane ? Ben… à une famille ! On n'est pas des extraterrestres !

Mon mari, après une bonne journée de travail et une fois qu'il a fini de tout réparer, tout bricoler à la maison (je l'appelle *Mc Gyver*), passe une bonne partie de son temps libre, s'il lui en reste, sur son portable *(« à la terrasse d'un café après avoir fait son tiercé ! »* eh bien non, il ne passe pas ses journées au café, il joue encore moins au tiercé (c'est *haram*) et il se lève à cinq heures tous les matins pour aller travailler !). Mes enfants, quant à eux, passent leur vie sur les écrans et les réseaux sociaux (heureusement qu'il y a l'école !). Moi, je suis rivée à mon (petit) écran quand il y a « Maison à vendre » (mais c'est le seul programme que je regarde – ça me fait rêver !).

En tant que mère et épouse, je suis affligée de voir chacun dans son coin, vivre sa vie sur écran avec des inconnus la plupart du temps, au lieu de la vivre en vrai avec ceux qui l'entourent. Mais c'est ça la modernité : on est connecté aux gens à l'autre bout de la planète mais déconnecté des gens avec qui l'on vit ! Les inconnus, ce sont ceux avec qui tu habites !

Et moi, je cumule deux journées de travail, entre mon boulot de cogérante (ben ouais, je suis capable de gérer une entreprise et des salariés), les enfants, les devoirs des enfants, les activités des enfants, les conseils de classe des enfants (je suis aussi capable de représenter les autres parents !), la maison, les papiers, les courses (vive le drive !) et le ménage. Bon alors là, malgré mes origines portugaises, ça laisse à désirer ! Je n'ai pas hérité du gène portugais du ménage ! Et quand je vois l'état des chambres de mes enfants je comprends que ce gène a définitivement disparu de ma lignée !

En plus, j'essaie d'écrire. Ça, c'est un rêve que je réalise. Et à celui qui a un rêve, je lui dis : qu'est-ce qui t'empêche de sauter le pas, si ce n'est toi ? Je peux te dire que pourtant, moi non plus, je n'étais pas prédisposée : mes dissertations de philo, c'est ma copine algérienne qui me les faisait !

Vous trouvez tout ça extraordinaire ? *Ben... non.* Alors, vous voyez, on est une famille tout à fait ordinaire avec une femme ordinaire, un homme ordinaire et des enfants ordinaires. Si ce n'est que notre vie est ritualisée.

Nous nous retrouvons tous ensemble pour prier, nous mangeons de la viande halal (non, nous ne torturons pas les animaux !). À table, nous utilisons la main droite. Aux toilettes, la main gauche (« *achouma !* », « *bizarre !* »). Vous voyez, rien n'est laissé au hasard ! Tout est codifié, jusque dans les WC ! Et ça me convient très bien. C'est comme pour les enfants, avec un cadre fixé, je me sens en sécurité. Une fois le chemin balisé, je peux avancer avec sérénité.

Bon, à part que, des fois, sur ce chemin, je croise le grand méchant loup qui veut me mettre des bâtons dans les roues. Entre des gens pas très bienveillants et d'autres qui croient l'être en voulant agir pour mon bien. Des fois que je ne serais pas capable de savoir où il est, le bien, pour moi...

La foularophobie

Moi, je suis heureuse avec mon foulard. Je suis épanouie avec mon foulard. Je ne fais de mal à personne. Une copine de ma fille m'a même trouvée toute mignonne sur la photo qu'elle a de nous deux en fond d'écran sur son portable !

Mais, en photo, ça ne rend pas comme en vrai ! Même si elle n'est pas retouchée. En vrai, certains sont loin de me trouver mignonne. Les plus gentils me traitent comme une analphabète puisqu'il est inconcevable qu'une personne sensée, ayant fait des études, puisse se voiler. Les autres, moins bienveillants, ont décidé que, non, je suis forcément malheureuse avec mon foulard, que mon mari m'a bien évidemment obligée à porter. Et qu'il faut m'en libérer ! Que j'agresse les gens avec mon foulard, voire que je suis dangereuse ! Vous voulez la preuve ? Je n'ai pas une preuve. J'en ai plusieurs.

Première preuve : Il m'est déjà arrivé d'entrer dans une pharmacie dont la clientèle est loooiiin d'être musulmane, encore moins voilée, genre en rase campagne. Lorsque le pharmacien revient avec le contenu de mon ordonnance, le voilà qui m'explique dans les moindres détails le mode d'administration du moindre médicament de base et, en plus... en français plus qu'approximatif. Toi voir la scène ?

Alors, non seulement je sais comment on utilise les médicaments, que ce soit un comprimé, une pommade ou bien un suppositoire, mais en plus je parle parfaitement le français !

J'ai quand même été un petit peu déçue car je n'ai eu que 982 sur 1000 au Certificat Voltaire[3] alors que j'ai toujours eu 20/20 en dictée. C'est là que j'ai réalisé que mon français avait régressé, après vingt-deux années à parler à l'impératif : « Fais pas ci ! Fais pas ça ! Touche pas à ci ! Donne-moi ça ! » à mes chères têtes blondes (bon, je l'avoue, mes enfants ne sont pas tout à fait blonds mais deux d'entre eux l'ont été lorsqu'ils étaient petits). Bon, ce qui me rassure, c'est que, depuis la création du Certificat Voltaire, 99.8 % des candidats ont eu moins que moi.

Donc, oui, je fais partie de l'élite en matière d'orthographe. Dieu merci. Alors, ô vous, gent de la pharmacie, merci de vous exprimer « normalement » dorénavant lorsque vous aurez affaire à une femme voilée. Elle est peut-être meilleure que vous en français !

Deuxième preuve : Je vous ai dit que j'étais en congé parental lorsque je me suis voilée. Et que le retour ne s'était pas super bien passé. Ce fut le début de mon initiation à la foularophobie.

Avant mon congé parental et donc avant mon foulard (mais ça, c'était avant), j'étais assistante de direction trilingue à la direction générale d'un grand institut de sondages (ceux qui aident les gens à voter pour tel ou tel candidat ou à choisir telle boisson plutôt qu'une autre, grâce à leurs statistiques). Peu de temps

---

[3] Examen national qui évalue le niveau de français.

avant mon retour, j'appelle le DRH pour lui rappeler que je reviens et lui confirmer ma date de retour imminente. Je suis partie trois ans et demi (« *Elle a bien profité du système ! On sait très bien que les Arabes... euh les musulmans... enfin eux là, font les enfants pour les allocs !* »). Donc la société a dû embaucher la fille qui m'a remplacée. Donc ma place est prise.

Mais comme le DRH est très sympa il me dit qu'il y a quand même possibilité de travailler pour tel ou tel directeur. OK. Comme je suis honnête et que je ne veux pas d'embrouilles, je lui dis quand même au téléphone : « OK, mais il faut que je vous dise que je reviens avec le foulard islamique. » Là, j'entends un gros blanc puis un petit « Ah ! » genre il ne savait plus quoi dire.

Eh bien, à mon retour, plus question que je travaille pour tel ou tel directeur ! J'ai fait la petite main à droite, la petite main à gauche, pendant un certain temps. J'ai même été la petite main de celle qui me remplaçait : je mettais son courrier sous pli pendant qu'elle jouait en ligne !

Puis une directrice a bien voulu travailler avec moi. Ou plutôt que je travaille avec elle. D'autres gens sympas ont également voulu travailler avec moi mais là c'était le seul poste d'assistante de direction que l'on me proposait.

Les choses étaient claires : elle voulait bien qu'on travaille ensemble à condition que cela ne me pose pas de problème qu'elle et son adjointe soient juives, ce qui n'était un secret pour personne, vu leurs noms. Alors, là, cela ne me dérangeait absolument pas ! Le respect mutuel, ça me va ! En plus, avant mon congé parental, j'avais une collègue que j'appréciais beaucoup et qui était juive. Et elle était l'une des rares collègues à être dans la confidence que j'étais musulmane.

On a bien travaillé ensemble. À part qu'elle n'en pouvait plus que je surcharge son agenda de rendez-vous. Mais moi, je n'y pouvais rien : tout le monde voulait la voir !

Peu de temps après le début de cette collaboration, j'apprends que mon poste (celui d'avant mon congé parental) se libère et que l'on recrute une assistante à l'extérieur. Je vais donc voir illico le DRH qui m'apprend que ce n'est plus mon poste. Que j'étais l'assistante de deux directeurs or il n'y en a plus qu'un. Ah oui ? Et c'est quoi le problème ? Il recherche une assistante de direction trilingue ? JE SUIS assistante de direction trilingue. Après des tonnes d'arguments bidons, il a fini par m'avouer que j'étais un danger pour la société et qu'il n'allait pas mettre en danger toute la société pour une personne !

C'est comme ça qu'on a commencé à s'échanger de belles lettres en recommandé. Puis le directeur d'un magazine (sur les cultures musulmanes – je ne pense pas qu'on m'aurait prise dans un magazine de mode), que j'avais déjà aidé pour la correction, m'a proposé de le rejoindre. Je suis donc allée négocier mon départ. Négociation super facile ! J'ai démissionné et j'ai pu partir au bout de quinze jours au lieu des six mois de préavis requis en tant que cadre.

Tout le monde était bien content ! La société a échappé à une procédure et n'a pas déboursé un centime. Quant à moi, j'ai arrêté de gaspiller mon énergie pour des gens qui n'en valaient pas la peine. Et j'ai commencé un boulot qui me plaisait bien, même s'il était moins bien payé. C'était donc tout bénef pour tout le monde. Il n'y a pas que l'argent dans la vie !

Troisième preuve : Il y a une dizaine années j'ai préparé un examen national par correspondance dans le cadre d'une évolution future de mon activité (je vous ai déjà dit que je travaille). La formule que j'avais choisie comportait aussi des stages de gestion et de révisions sur le site de l'organisme de formation, à trois bonnes heures de route de chez moi (« *elle a dû acheter son permis au bled !* »).

Eh bien, dès la première après-midi du stage de gestion qui devait avoir lieu sur une semaine, on est venu me chercher et on m'a demandé de quitter le stage car les signes religieux étaient interdits. C'était le règlement. Je n'étais pas encore rôdée et donc je suis rentrée chez moi (je vous rappelle qu'il y avait trois heures de route), sous le choc, humiliée, dans l'incompréhension la plus totale, alors que j'avais demandé à parler à la direction pour trouver une solution. Comme par hasard, tout le monde était en réunion !

Une fois rentrée chez moi, j'ai réalisé que j'étais partie, sans même avoir pu voir le fameux règlement ! Il était clair que j'étais victime de discrimination et qu'il fallait que ça se sache !

J'y retourne donc le lendemain ! Et, en attendant le début du cours, j'appelle tous les journaux dont j'ai entendu parler (je n'en lis aucun) pour m'entretenir avec un journaliste. Seulement, il est très tôt et les journalistes ne sont pas encore arrivés. Je verrai donc ça au moment de la pause.

Quand le formateur me voit, il me dit qu'il est obligé de prévenir la direction. « Faites. Je suis venue pour faire de la gestion, pas de la religion. J'ai payé suffisamment cher pour ça. Donc je viens suivre le cours et, si la direction n'est pas d'accord, elle n'a qu'à venir me chercher. »

La direction n'est effectivement pas d'accord et aussitôt la responsable de la formation, la même que la veille, vient me chercher. Alors là, je lui dis que premièrement elle doit me montrer le règlement. Deuxièmement m'écrire noir sur blanc les raisons de mon exclusion. Troisièmement appeler la police pour me sortir de là. Et qu'elle sache que je suis en train de contacter les médias et que donc ça leur fera une très mauvaise publicité. Elle est repartie comme elle est venue.

Puis pas de nouvelles jusqu'en milieu d'après-midi où elle vient me chercher cette fois-ci pour me conduire à la direction (c'est pas trop tôt !). Là je vois le directeur de je ne sais quoi qui m'explique qu'il était absent la veille mais qu'il avait entendu parler de moi (ah bon ?) et qu'il était désolé de ce qu'il m'était arrivé. Mais que quand même il me demandait s'il m'était possible d'enlever ce que j'avais sur la tête (comment ça, ce que j'ai sur la tête ? Y a une bêbête qui s'est posée dessus ? Ah, vous voulez dire : mon foulard ?!). Ils étaient un organisme privé mais à vocation publique. Ils avaient déjà eu un stagiaire qui portait la kippa. Et il avait accepté de mettre une casquette. (Non mais là c'est pas pareil ! Tu me demandes de tout enlever ! Est-ce que je te demande d'enlever ton pantalon ?)

Alors je me suis énervée car, non, ce n'était pas possible ! Et je ne voulais plus qu'on me fasse ch… (bip) avec cette histoire de foulard ! J'avais fait plein de sacrifices pour cette formation ! Je venais de sevrer mon petit dernier qui était encore bébé ! Je… « OK. OK. C'est bon. On a compris. Donc vous pouvez réintégrer le stage. Par contre… je ne veux pas de journalistes. »

Alors là, je dis : merci les médias. Moi, qui ne vous suis plus depuis quelques années pour éviter de me laisser pénétrer par certaines de vos ondes anxiogènes. Grâce à vous, j'ai pu sauver ma formation.

Résultat des courses : j'ai réussi mon examen du premier coup avec 16.6 sur 20 alors que c'est un examen qui s'obtient en moyenne au bout de la troisième tentative et que le taux de réussite à l'échelon national n'est jamais arrivé à 30 %, tombant à 7 % une année. Avec un taux comme ça, il suffit que l'organisme ait une seule personne reçue de plus et elle explose son taux de réussite. Alors on peut me dire merci d'avoir insisté ! Leur taux de réussite explosé grâce à moi a sûrement attiré d'autres clients… non voilés, je pense. Le directeur m'a dit qu'il ferait le nécessaire pour qu'il n'y ait plus de femmes voilées à ses formations !

Quatrième preuve : Un jour, j'emmène deux de mes enfants chez l'orthodontiste pour une consultation. La position que prennent leurs dents m'inquiète (ben nous aussi, on a envie que nos enfants aient une belle dentition !). Le spécialiste vient chercher les enfants, les fait monter dans son cabinet (je n'ai jamais vraiment bien compris comment ça fonctionne chez lui : c'est une vraie usine avec des enfants qui montent et qui descendent dans tous les sens !).

Au bout d'à peine cinq minutes, ma fille vient me chercher car le spécialiste veut me voir. Je monte. Il me fait entrer dans son bureau où nous nous retrouvons en tête-à-tête. Là, il me dit : « Je suis ici chez moi. Cela fait trente ans que j'exerce et les signes religieux m'agacent. Alors, soit vous retirez votre foulard, soit vous allez consulter ailleurs. » !!!

Non mais, vous voyez le rapport entre mon foulard et la dentition de mes enfants ? Vous y comprenez quelque chose ? Moi, je n'y ai rien compris.

Mais, lui, il a vite compris. Après une convocation par le conseil de l'ordre des médecins (je suis gentille mais il y a des limites !). Et ma réponse au courrier qu'il a envoyé à mon mari. Pour me convaincre de lever ma plainte ! Vu que mon mari a de l'influence sur moi ! Vu que je me suis convertie ! Vu que le pardon fait partie de notre religion ! Tout à coup, il a mieux compris l'islam et il m'en a remerciée ! (Je vous arrête dans vos pensées : il ne m'a pas versé un centime !)

Je ne suis ni dans son cœur, ni dans sa tête, donc je n'ai pas à douter de sa sincérité. Je pense qu'il a surtout compris que ce n'est pas parce qu'on est musulmane, voilée, qu'on ne sait pas lire et qu'on ne sait pas écrire. Et qu'en plus, on sait se défendre ! En tout cas, une chose est sûre : il sera moins tenté de recommencer ! Incha Allah !

Cinquième preuve : Il y a deux ans, je suis à la fête des sports d'un village connu pour son zoo. Je viens voir mon petit dernier qui fait une démonstration de taekwondo avec le club du même village dont il est licencié. Comme tous les ans depuis que mes enfants font du taekwondo. Je viens donc voir mes enfants et en plus j'aime bien cette fête organisée en plein air avec des structures gonflables partout. Cela me permet aussi de passer un bon moment à papoter pendant que les enfants s'amusent.

Ma fille m'accompagne et elle est quelque part avec des copines qu'elle vient de retrouver. Tout à coup, une de ses copines court vers moi, toute affolée : « Viens vite, il y a un monsieur qui embête ta fille et qui veut qu'elle parte de là ». J'ai oublié de vous dire : ma fille, aussi, elle est voilée. *(« Non mais elle encore ça passe, elle est adulte. Mais sa fille, c'est scandaleux ! »)*

Je me dirige donc vers elle quand Monsieur le Maire vient à ma rencontre (rencontre, est un mot bien doux mais je n'en trouve pas d'autre). Là, il me dit :

« Bonjour, je suis le maire de ce village (un grand gaillard comme lui, tout le monde l'a repéré et sait qui il est). Je suis l'organisateur de cette fête et je ne souhaite pas que les gens viennent avec une tenue qui montre leur religion. Et votre religion, j'en ai rien à foutre ! »

Je suis restée très courtoise et lui ai simplement répondu :

« Vous avez le droit. » (eh, oh, je t'ai jamais demandé d'aimer ma religion !)

Il continue :

« Et vous n'avez pas à venir agresser les gens !

- Je suis désolée si vous vous sentez agressé mais je ne suis venue agresser personne. En l'occurrence c'est vous qui m'agressez !

- Si, vous nous agressez ! Et donc vous devez partir !

- Alors là, vous n'avez pas le droit ! Je reste et ma fille aussi reste ! Et sachez que dès lundi je porte plainte contre vous !

- Vous pouvez, j'en ai rien à foutre ! ».

Et il est parti jouer à la pétanque.

Il m'a prise à partie devant pas mal de personnes. Personne n'a bronché. Il est très respecté !

J'ai su, après, le début de l'histoire : il était allé voir ma fille qui était avec ses copines et il lui avait dit : « Ici, c'est une fête publique. On ne vient pas déguisé. Alors, vous allez retirer votre déguisement et vous revenez après ! » Pourtant, lui, je l'ai déjà vu déguisé à une fête publique ! C'était pour le carnaval des enfants.

Alors, autant l'orthodontiste a compris, autant lui n'a rien compris. Malgré un rappel de la loi par le

CCIF[4] et un autre par le Défenseur des droits. Rappel de la loi, dans lequel on lui rappelle par la même occasion que les faits sont passibles de cinq ans d'emprisonnement et de soixante-quinze mille euros d'amende, en tant que dépositaire de l'autorité publique (« *Ah, quand même !?* »).

En effet, j'y suis retournée cette année. Même si, depuis, il n'y a plus de démonstrations de taekwondo (je me demande bien si ce ne serait pas par volonté de m'éloigner !). Manque de pot pour lui : mes enfants ne font plus de démonstrations mais j'ai toujours des amis là-bas. Je profite donc de cette occasion pour les revoir.

Donc, j'y retourne cette année. J'y retrouve mon amie Salima, musulmane non voilée, et son fils. Salima, c'est une ancienne voisine de mon ancien petit village. Ils habitent maintenant ce village-ci. Une autre amie, rencontrée sur place, se joint à nous. Comme Salima est généreuse (franchement, elle donnerait sa chemise !) et comme le Ramadan est fini (ben oui, le Ramadan ça ne dure pas toute l'année !), elle veut nous offrir à boire et à manger. On fait la queue à la buvette, Salima en tête car elle tient à payer. Je suis en train de discuter avec mon autre amie lorsque Monsieur le Maire lui frappe à l'épaule et l'emmène à part. Là, c'est sûr, c'est pour moi !

Effectivement, mon amie revient, me frappe à son tour à l'épaule et m'emmène à son tour à part. Là, elle me dit que le maire lui a dit de me dire discrètement que la fête est réservée aux habitants du village et aux

---

[4] Collectif Contre l'Islamophobie en France

parents d'élèves (je ne faisais partie d'aucune des deux catégories). Elle a ajouté que c'était à moi de voir si je restais ou si je partais.

Eh bien, non, je reste ! Il n'est indiqué nulle part que la fête est réservée aux villageois et elle se déroule sur l'espace public. Ce n'est pas une fête privée. Et est-ce qu'il est allé vérifier si la grand-mère là-bas est bien du village ? Et le petit là, je ne l'ai jamais vu ici ? Et puis il peut me parler directement. Je n'ai pas besoin d'interprète !

Comme je continue de faire la queue avec mes amies et que c'est à notre tour d'être servies, Monsieur le Maire se poste à environ cinq mètres de nous et crie en notre direction :

« Ici, c'est réservé aux villageois et aux parents d'élèves et il est interdit de servir les autres ! »

Du coup, l'employée municipale est ennuyée car si elle nous sert, c'est sûr, elle va recevoir un blâme ! Salima finit par la convaincre de la servir car elle est du village et donc elle n'a pas à lui refuser la vente. Pour ma part, je n'ai rien pris. Je ne vais tout de même pas enrichir quelqu'un qui me combat. L'argent, ce n'est pas tout dans la vie mais il y a des limites !

Le pire dans tout ça, c'est que je ne lui ai jamais rien fait à Monsieur le Maire ! On n'a même jamais discuté ensemble ! Moi qui viens du Sud-Ouest, j'aime la pétanque. J'aurais bien aimé dégommer le cochonnet avec lui !

J'ai vécu pendant presque quinze ans près de ce petit village gaulois et j'ai toujours été traitée, par

Monsieur le dépositaire de l'ordre public, comme une Romaine. Juste à cause du bout de tissu qui recouvre une partie de ma tête.

Entre les fois où il serrait la main à tout le monde sauf à moi (« *Touche-moi pas ! Tu vas me salir !* ») en m'évitant d'un air dédaigneux. Je comprends que certains ne sachent pas s'ils peuvent me serrer la main ou pas mais le minimum syndical est un « Bonjour, Madame », surtout en tant que maire !

La fois où il a dit à son employée municipale, devant moi, en me regardant avec mépris :

« Je n'aime pas les méthodes du Moyen-Âge ! ».

La fois où j'ai inscrit mon petit dernier à la course open par téléphone et qu'il n'est pas allé sur le podium alors qu'il a dépassé tout le monde, même les adultes (j'aurais dû me méfier, j'avais bien vu que son nom était surligné en rouge sur la liste d'inscription, lorsque nous sommes allés récupérer le maillot avant la course).

Bref, je trouve tout ça lamentable et j'en passe. Je ne vois pas quel mal je fais avec mon bout de tissu ! Est-ce que vous allez à reculons dans un magasin de tissus parce que vous trouvez ça dangereux ? Je ne vois pas en quoi je suis un danger, en quoi j'agresse. Même les animaux qui ont un sens aigu du danger, n'ont pas peur de moi ! Tous les chats du quartier viennent manger chez moi (c'est l'hospitalité marocaine de mon mari conjuguée à mon amour des chats). Il y a même une chatte errante qui a élu domicile sur ma terrasse et qui y a fait ses quatre petits.

Mais bon, tout ce dont je vous parle a eu un impact très fort sur moi. J'ai passé pas mal de moments de grosse fatigue et de déprime. Mais Dieu merci, je sais parler et je sais me défendre.

Et, surtout, ce que je veux dire c'est que ce sont des EXCEPTIONS. Je tiens à le préciser. Globalement, ça se passe super bien. J'ai aussi bien des amis musulmans que non musulmans, croyants ou pas, chrétiens, juifs, hindous et tout ce qui peut exister. Des fois, je ne sais pas ce qu'ils sont. Ce n'est pas parce que ça se voit que je suis musulmane, que je vais aborder les gens en leur disant : « Tu vois que je suis musulmane. Toi, t'es quoi ? » En plus, on pourrait me répondre : « Contre le foulard ! » !

Ce sont certains médias qui font croire que tout va mal. J'en sais quelque chose.

Comment je suis devenue célèbre (ou presque)

La semaine suivant le funeste 11 septembre, ma prof d'arabe m'appelle en me disant qu'une journaliste de Zone Interdite sur M6 cherche des femmes converties, voilées (condition *sine qua non*), pour faire un sujet. Elle me dit aussi que je suis la seule, parmi celles qu'elle connaît, qui, intellectuellement, puisse répondre aux questions d'un journaliste.

Deux jours plus tard, la journaliste débarque chez moi avec cameraman et preneur de son. À 7 h 30 du matin.

On me fait signer les autorisations nécessaires, on m'équipe d'un micro, on me donne les consignes de tournage : on ne regarde pas droit dans la caméra mais à côté ; on ne répond pas directement à la question de la journaliste : on la reprend dans sa réponse. Et on se met à tourner.

Alors, c'est très scénarisé. « On va faire une scène où vous allez prendre vos foulards qui sont sur la chaise et les ranger dans l'armoire. » Bon, pas trop compliqué. Scène ratée. Je ne sais plus pourquoi. Peut-être un problème de lumière. C'est super important la lumière dans un tournage ! Je repose donc les foulards à leur place initiale pour refaire la scène.

« Ah, mais vous comprenez bien ! Vous avez pensé à reposer les foulards à leur place ! » me dit la journaliste !

Non mais, ce n'est pas parce que je suis voilée, que je suis demeurée ! Il n'y a aucune connexion entre mon voile et mon cervelet !

Et le tournage a continué toute la journée, durant laquelle l'équipe est allée de surprise en surprise devant tant d'intelligence... pour une voilée. Eh, oh ! Ce n'est pas parce que je suis voilée, que toutes mes années d'études se sont effacées !

On a sympathisé. On se tutoyait. J'ai répondu aux questions-pièges (ah, la coquine !) comme je le pouvais. Dans l'après-midi, une autre amie convertie, et voilée (condition *sine qua non*), a pu également témoigner. Bref, tout le monde était enchanté. En plus, il faisait une magnifique journée. On a même partagé des pizzas pour notre dernier repas. Puis tout le monde s'en est allé. À 22 h 30.

Je suis devenue une star dans le quartier. Pour qu'une voilée soit filmée par la télé, il fallait qu'elle soit importante ! Du coup, tout le monde a voulu me connaître. Mais je n'ai pas profité longtemps de ma célébrité car j'ai déménagé peu de temps après dans mon petit village gaulois, où l'on ne savait pas que j'étais célèbre.

C'était un jeudi. Le dimanche, le sujet devait passer.

Le samedi, j'étais à Disneyland avec mes enfants (comme n'importe qui – je n'ai rien contre l'impérialisme américain puisque je ne fais pas de politique). Lorsque je rentre, je trouve un message sur le répondeur. C'était la journaliste.

« Coucou, Maryam. Alors, on a eu notre réunion de rédaction hier et finalement je suis désolée mais tu ne passeras pas dimanche. Le contenu de l'émission est trop dur et tu n'as rien à faire au milieu de tout ça. Mais j'aimerais quand même te revoir pour étoffer le sujet. Si tu as d'autres amies converties et voilées... »

Le dimanche, je regarde quand même Zone Interdite. Alors, dans le désordre, j'ai vu un sujet sur les kamikazes, un autre sur des mosquées intégristes et un autre sur les Talibans avec des égorgements en public.

En effet, je n'avais vraiment rien à faire au beau milieu de tout ça ! À une heure de grande écoute, c'est quand même beaucoup plus vendeur de faire peur et de choquer les gens que de leur montrer une femme, certes différente dans sa tenue, mais aussi banale que Madame Dupont de Versailles (même si, depuis, j'ai eu deux autres enfants qui sont nés à Versailles). Je savais parler, mes enfants portaient des tee-shirts Pokémon et c'est mon mari qui avait préparé le chili con carne que nous avons mangé devant la caméra. (Vous voyez chez nous, on ne mange pas que du couscous ! « Maman, j'en veux pas, on en a déjà mangé hier ! » Moi avec les gros yeux : « Mais si, tu vas manger ! » Faut pas oublier qu'on est filmés !)

Dans mon sujet, rien de choquant, rien de flippant, rien de dangereux. Aucun intérêt ! Les téléspectateurs auraient zappé !

La semaine suivante, la journaliste m'a bien rappelée pour savoir ce que je pensais de l'émission (peut-être que j'allais lui dire : Super, j'ai bien aimé !). Et elle m'a assuré qu'elle voulait toujours étoffer le sujet. OK. Mais sûrement sans moi. Il vaut mieux prendre un peu plus de temps et aller chercher LA perle rare. Celle qui porte le voile, fraîchement arrivée en France et dont on aura du mal à comprendre les propos et que l'on fera donc passer pour une illettrée. Ou bien celle qui a porté le voile intégral, qui a connu tous les extrêmes et qui a fini par tout virer : voile, islam et tout le paquet. C'est ça, qu'il faut montrer ! Les petites perles banales comme moi, rien à cirer !

Bon, depuis, il y a la guerre en Syrie qui est arrivée. Il y a suffisamment de sujets à exploiter. C'est sûrement pour ça que depuis dix-sept ans on ne m'a toujours pas rappelée !

Alors, chers concitoyens, ne vous laissez pas influencer ! Certains médias nous montrent ce qu'ils veulent nous montrer. Ils veulent nous manipuler et nous obliger à avoir certaines pensées : les musulmans sont tous des terroristes et les Français des islamophobes. Mais ça, c'est moins grave. On peut parler des musulmans comme on veut. C'est bien eux qui tirent des coups de feu !

Voilà pourquoi je ne me tiens plus au courant de l'actualité. Si la fin du monde arrive, je serai bien avisée. Il y en a d'autres qui regardent le journal télévisé.

Sans actualité, mon monde est beaucoup plus beau. Les musulmans ont un grand sens de l'hospitalité et le « bien-vivre ensemble » n'est pas qu'une idée. J'offre des gâteaux à mes voisins quand c'est l'aïd et je retrouve des noix et de la menthe sur ma boîte aux lettres de la part de mon voisin breton. Avec mon voisin juif, on se dépanne (en fait, c'est surtout moi qui me retrouve à le dépanner. Mais sa femme et lui ne manquent jamais de me remercier). J'invite tous mes voisins avant de déménager. Je suis la seule musulmane dans mon petit village gaulois à côté du zoo (Salima a déménagé mais bien sûr elle est là). Et tout le monde apprécie mon pot de l'amitié (sans alcool) où se côtoient cornes de gazelle et pasteis de nata[5]. Plus belle la vie ! (Petit clin d'œil à Emmanuel et à Delphine.) C'est ça la réalité !

Alors, depuis, j'ai pris du recul avec les médias, tout comme j'ai pris du recul avec ceux qui font de la politique.

---

[5] Petits flancs portugais, spécialité de Lisbonne

Mon expérience avec la politique

Ceux qui font de la politique, je les ai côtoyés. Mais pas pour longtemps !

Dans mon ancien petit village gaulois, il y en avait marre de ne pas avoir de bus pour aller au lycée ! Il y en avait un à sept heures alors que nos chères têtes blondes maintenant devenues lycéennes (eh oui, comme le temps passe vite !), commençaient les cours plutôt à neuf ou dix heures. Quand il n'y avait ni grève ni neige. Autant vous dire qu'elles commençaient bien souvent vers onze heures, voire midi (j'exagère juste un petit peu !).

Le soir, même topo. Il y avait un seul bus, à dix-huit heures, alors que nos chères têtes blondes lycéennes finissaient à dix-sept heures maxi, voire bien avant.

En plus, le trajet prenait du temps (alors qu'il y en avait pour dix minutes en voiture) car le bus passait dans tous les autres petits villages gaulois des alentours reliés entre eux par des virages sinueux.

Donc, non seulement nos chères têtes blondes lycéennes passaient beaucoup de temps à attendre, mais en plus elles pouvaient se retrouver avec la nausée quand elles arrivaient enfin à destination, pour peu qu'elles aient le mal des transports. Ce qui les empêchait de faire leurs devoirs (déjà qu'elles n'étaient pas très motivées !).

C'est pourquoi nos chères têtes blondes lycéennes avaient fini par régler le problème elles-mêmes. Elles faisaient du stop pour se rendre au lycée. Dans le meilleur des cas. Ce qui représente un danger. En plus, dans notre petit village gaulois, il n'y avait pas beaucoup de circulation (c'est pour ça qu'on était là !). Donc cela supposait d'aller jusqu'au village d'à côté. À pied.

Alors, bien souvent, nos chères têtes blondes lycéennes restaient au lit, bien emmitouflées. Plus de temps à attendre au froid, plus de nausées, plus de danger. Quand on arrivait à les sortir de leur lit, il était déjà tard. Donc, nous, pauvres parents, soit nous les emmenions au lycée nous-mêmes, soit nous les déposions à un autre petit village gaulois à côté, un peu mieux desservi.

Il y avait un problème !

Alors, avec mon amie Salima (à l'époque donc où elle habitait le village – elle en a vécu des aventures avec moi !), et deux ou trois autres vrais Gaulois, nous avons assisté à un conseil municipal pour exposer le problème à Monsieur le Maire. Y en a marre de les emmener, y en a marre du danger, y en a marre des nausées. Il faut trouver une solution !

Monsieur le Maire a déjà écrit à la société de transport, quand il s'est aperçu du problème (sûrement quand son fils était aussi une chère tête blonde lycéenne, mais le lycée, ça devait faire un bail qu'il n'y était plus !). Et il n'avait pas eu de réponse ou on lui avait dit que non, je ne me souviens plus (eh, mes grands aussi ça fait un petit bail qu'au lycée ils n'y vont plus ! Je n'ai pas une mémoire d'éléphant !). Il n'a pas insisté (le temps d'avoir la réponse, son fils n'allait sûrement plus au lycée). Faites donc une pétition !

Alors, après avoir distribué un petit mot dans les boîtes aux lettres pour prévenir de notre passage, nous voilà Salima et moi (les autres Gaulois, ils étaient occupés) en train de passer de maison en maison pour notre pétition. On s'était réparti les quartiers. Même s'il n'y en avait pas beaucoup dans ce petit village de sept cents habitants.

Franchement, on a été très bien accueillies. Même moi, seule musulmane voilée à plusieurs kilomètres à la ronde ! Il faut dire qu'on m'avait déjà repérée, à défaut de me parler ! Alors, j'ai fait de belles rencontres ! J'ai eu de belles discussions (moi, j'aime bien discuter avec les gens !) ! J'ai été très bien accueillie. La plupart du temps. Excepté deux fois.

Première fois : Je frappe à la porte d'une vieille maisonnette. Une vieille dame, assortie à la maison, entrouvre la porte et me parle à travers l'entrebâillement. On aurait dit que je venais quémander des bonbons à Halloween avec un déguisement de sorcière ! À part que, elle, elle avait l'air d'y croire aux sorcières ! En plus, ce n'était pas Halloween !

« Non, non, ça ne m'intéresse pas !

– Mais c'est pour les enfants !

– Non, non, et puis des enfants j'en ai pas !

– Bon, au revoir, Madame, bonne journée quand même. » Promis, je ne vous jetterai pas un sort !

Deuxième fois : Je sonne à une maison. Là, c'était déjà plus évolué. J'étais dans le quartier avec de riches propriétés. Le portail automatique s'ouvre. En grand. J'attends que l'on me réponde à l'interphone ou que l'on vienne à ma rencontre. Je suis bien élevée, je ne vais tout de même pas entrer sans qu'on ne m'y ait autorisée. D'autant que j'entends des chiens aboyer. Je me suis déjà fait mordre par un chien quand j'étais petite (j'en ai toujours la trace), j'ai compris la leçon ! Je ne vais pas recommencer ! J'attends. Personne. Puis, le portail se referme comme il s'était ouvert. Bon ben, je reviendrai demain.

Le lendemain, je resonne. Cette fois-ci je suis accompagnée de mon petit dernier qui fait du taekwondo depuis un an. On ne sait jamais ! Le portail s'ouvre, comme la veille. J'attends quelques secondes, j'entends les mêmes chiens aboyer. Toujours personne. Donc là, je me dis : je vais quand même y entrer, dans cette riche propriété. J'entre d'un pas assuré dans l'allée. Je me sens pleine de courage car, en cas d'agression, mon petit dernier pourra me sauver. Là, un vieux monsieur sort en peignoir et chaussettes remontées jusqu'aux genoux. Je n'ai pas le temps de lui dire que je viens pour la pétition qu'il commence à agiter la canne qu'il tient dans la main dans tous les sens, comme pour faire le signe de Zorro. À part que là, on n'est pas dans un film : c'est pour de vrai ! En brandissant sa canne, il crie en me voyant : « Non ! Non ! Non ! ». Et les chiens d'aboyer ! Même mon petit est caché derrière moi. Je crois qu'il comprend que le loup est là. Alors, je prends mon courage à deux mains, et mon fils avec, et je déguerpis ! « Bon, au revoir Monsieur ! ». Ce n'est pas parce que je suis mal accueillie que je dois être mal polie !

Une fois que tous les villageois, ou presque, ont signé, nous rencontrons Monsieur le Maire. Devant son enthousiasme nous décidons d'aller voir notre député. En plus, c'est les législatives ! Ça va l'intéresser ! Effectivement, en lisant le beau programme de notre député, qui a été distribué dans toutes les boîtes aux lettres, je vois qu'il souhaite garantir une offre de transport adéquate aux besoins des habitants. Intéressant ! Il y a aussi des slogans pour la défense de notre belle et noble laïcité, avec des mots comme communautarisme, immigration... Beaucoup moins intéressant !

Justement il y a une réunion publique bientôt dans un village non loin. Salima et moi, nous y rendons.

Alors, en politique, il faut être prudent car les politiciens ont le bras long (je risque de me retrouver fichée S en moins de deux). Le mien, avec mes origines portugaises, est plutôt court. Je ne ferai pas le poids. D'autant que notre député est passionné de judo. Donc, je ne citerai pas de nom. Appelons-le Monsieur Judoka.

La réunion publique débute très bien. Monsieur Judoka et son suppléant (qui a démissionné depuis et pour qui le fils de notre maire a travaillé) présentent leur programme, demandent au public s'il a des questions. Après des questions banales sur la fibre et autres (c'est dingue comme les gens n'arrivent pas à se laisser aller devant des politiciens ; tout le monde avait l'air constipé !), j'interviens. Nous, nous avons un vrai problème à évoquer : le lycée de nos chères têtes blondes lycéennes est très mal desservi par les transports et comme c'est un sujet qui préoccupe Monsieur Judoka, nous avons jugé utile de l'en informer. Monsieur le Maire, lui, s'est contenté de faire une lettre.

Après nous avoir relaté comment il est déjà intervenu dans des affaires similaires, Monsieur Judoka nous donne quelques conseils relevant de son expérience sur le terrain. Merci, Monsieur Judoka. On a bien fait de venir !

L'ambiance est conviviale. Monsieur Judoka est quand même sympa ! Pour un peu Salima l'inviterait à manger du couscous et des cornes de gazelle (elle, elle sait très bien les faire). Alors, j'en profite pour faire des remarques à Monsieur Judoka sur son programme : en le lisant, j'ai eu l'impression qu'il marchait sur les platebandes du Front National.

Alors là, il est très clair : il n'aime pas le Front National. Les immigrés, il souhaite bien les accueillir, c'est pour ça qu'il faut limiter leur venue. Le communautarisme ? Ben, lui, il n'est pas pour. Quand il a fait les Jeux Olympiques (je ne vous dis pas l'année, ça risquerait de vous mettre sur la voie), tout le monde se côtoyait, se mélangeait et se respectait. Et puis pour la laïcité : chacun a le droit d'avoir une religion mais elle doit rester sur le pas de la porte.

« Excusez-moi, Monsieur Judoka, mais la religion relève de la conviction (ce n'est pas un paillasson !). Quand vous êtes convaincu, vous l'êtes tout le temps et partout, chez vous comme à l'extérieur. C'est comme quand vous êtes végétarien : vous n'allez pas vous abstenir de manger de la viande chez vous et en manger une fois le pas de la porte passé. Ce n'est pas possible !

- Si, si, c'est possible.

- Alors, trouvez-vous normal de fêter Noël dans les écoles ? »

Moi, je m'en fiche : ma famille est chrétienne et je voulais être religieuse. Seulement, Monsieur Judoka, avec tout le respect que je vous dois, si on suit votre logique, on n'a pas à fêter Noël dans les écoles !

Alors, là, un vieux monsieur se lève, énervé (décidément, j'ai un problème avec les vieux messieurs ou ce sont eux qui ont un problème avec moi !). Je voyais bien qu'il ne tenait pas en place sur sa chaise depuis un moment. Il devait être un enfant précoce ! Ou bien il est tellement constipé que là il faut que ça sorte !

« Alors, là, c'est un manque de respect ! » crie-t-il, tout excité.

Sa femme essaie de le faire rasseoir comme elle le peut. En vain.

« Non, non, je n'en peux plus, il faut que ça sorte ! »

Bingo ! C'est bien ce que je pensais : il est constipé !

« C'est à cause de gens comme vous (en me pointant d'un doigt menaçant) qu'on va droit dans le mur ! Vous venez nous imposer des choses dans notre pays. Est-ce que nous on vient vous imposer quoi que soit dans le vôtre ?!

- Excusez-moi, Monsieur, mais je m'appelle Marie-Odette ! Mon pays, c'est la France !

- Moi, je suis allé pendant cinq ans en Yougoslavie, maintenant je ne peux plus y aller ! »

Je le regarde, assise sur ma chaise, avec un sourire, d'un air amusé. Eh bien, voilà que maintenant je suis responsable du conflit yougoslave ! Rien que ça !

« Ah, vous pouvez me regarder avec votre sourire ! »

Lui, il ne sourit pas du tout. Il est très énervé !

Alors, Salima bondit de sa chaise pour me défendre.

« C'est inadmissible ! Vous n'avez pas à la traiter comme ça ! Ce n'est pas parce qu'elle est voilée, que vous devez l'agresser ! Elle a bac + 10, Monsieur ! Vous lui devez le respect ! »

Alors là, Salima a un petit peu exagéré. Mais l'exagération était à la hauteur de l'agression. Elle s'est laissée emporter. Je sais que je parais super intelligente parce que je sais parler, moi, musulmane, voilée. Mais, le mensonge c'est interdit dans notre religion. Il faut dire la vérité : je n'ai que bac + 2. Même s'il est vrai que quand tu dis que tu as bac + 2 quand tu es voilée, c'est comme si tu annonçais que tu as bac + 10 !

Tout le monde s'échauffe, qui crie de plus belle ! Sauf moi, assise sur ma chaise. Alors, au fond de la salle, un monsieur, très calme, se lève.

« Je suis marocain et j'habite dans la commune de Monsieur le suppléant de Monsieur Judoka, qui me connaît très bien. Je participe à la vie de ma ville et mes sœurs sont mariées avec des Français (euh... c'est quoi le rapport ?). Je voudrais dire que si les musulmans sont mal vus c'est parce qu'ils sont mal éduqués ! »

Merci, *khouya*[6], pour ton aide ! Tout le monde applaudit. Sauf Salima et moi. Nous sommes les intruses !

Salima essaie d'en placer une de plus. Là, un autre monsieur juste derrière nous lui dit :

« C'est bon, avec votre histoire de bus, on vous a assez entendues ! »

À la fin de la réunion publique, je suis quand même allée voir Monsieur Judoka en m'excusant d'avoir provoqué un tel tollé. Et je lui ai expliqué que je m'en fichais que l'on fête Noël dans les écoles mais que, à force de tout nous interdire à nous musulmans, et rien aux autres sous prétexte que nous étions dans un pays judéo-chrétien, on se tournait vers notre communauté. Et que donc, c'était eux, les politiciens, qui étaient à l'origine du communautarisme. Il a été honnête. Il m'a répondu : « C'est vrai que je n'avais jamais vu les choses comme ça ! » Heureusement, que j'étais là pour l'aider à mieux voir !

---

[6] Frère, en arabe (à prononcer rouya).

Pour le second tour, Monsieur Judoka avait su tenir compte de mes conseils : il avait arrondi les angles de son programme, que j'ai également reçu dans ma boîte aux lettres. Moi, je dis : je devrais être conseillère politique ! Parce que non seulement il ne s'était jamais aperçu que les politiques étaient à l'origine du communautarisme mais en plus il avait réalisé que les musulmans savaient lire ! Par contre, je ne me souviens plus s'il y parlait encore de transport !

Monsieur le Maire de mon petit village gaulois, quant à lui, m'a fait la tête pendant un certain temps. Il paraît que je l'ai insulté à cette réunion publique ! Ce sont des gens de confiance qui lui ont dit !

Eh bien, moi, désolée, les gens de confiance, je ne leur fais plus confiance !

Par contre, j'ai été honorée que Monsieur Judoka se souvienne de moi. Je l'ai revu un ou deux ans plus tard à un forum des associations (il ne faut pas oublier qu'il avait le judo pour passion ; donc il voulait inciter les gens à faire du sport !). Je suis allée le saluer :

« Bonjour, Monsieur Judoka. Vous allez bien ?

- Ah, c'est vous de la réunion ?! »

Je crois que cette réunion, il s'en souviendra toute sa vie !

Mais bon, je n'ai pas fait que côtoyer les politiques. J'ai aussi côtoyé la police.

Elle est bizarre, la police !

Alors, je vous rassure : Dieu merci ! Je ne me suis jamais fait arrêter. Je ne suis jamais allée en garde à vue. Jusqu'à aujourd'hui (que Dieu m'en préserve !).

Un jour, je vais porter plainte au commissariat. Dans le cadre de mon activité, on m'avait volé un équipement qui coûte plusieurs milliers d'euros. Eh oui, nous aussi, on se fait voler ! Le souci, c'est que je ne savais pas trop quand et où on me l'avait volé. Entre le client qui avait envoyé la machine en réparation chez le fournisseur. Le transporteur qui l'avait livrée chez le fournisseur et qui l'avait récupérée puis livrée à un autre client. Le fournisseur qui a réceptionné la machine et l'a placée dehors pour que le transporteur puisse la récupérer la nuit. Bref, tout ça était assez vague (d'ailleurs, je me demande si vous m'avez suivie !). Je savais juste que le fameux équipement avait disparu.

J'attends. C'est quasiment tout de suite à mon tour. Dommage ! J'avais pris un gros livre !

« Bonjour Madame.

– Bonjour Monsieur. Je viens car on m'a volé un équipement d'une valeur de tant de milliers d'euros.

– Ah ? Et, votre équipement, on vous l'a volé quand ?

– Euh, je ne sais pas... Entre telle date et telle date.

– Hum. D'accord. Je note... Et il a disparu où ?

– Ben, je ne sais pas... Entre le client, le fournisseur, le transporteur et le nouveau client. (Eh, oh, si je savais tout, je ne viendrais pas voir la police ! J'irais récupérer mon équipement moi-même !)

– Hum. D'accord. Je note... Vous avez une assurance ? (Ouh là ! Il doit croire que je fais de l'escroquerie à l'assurance ! C'est mal barré ! C'est vrai que c'est louche une musulmane, voilée, qui se fait voler. Et qui vient se plaindre !)

– Ben oui.

– Merci de me donner ses coordonnées.

– C'est l'assurance Trucmuche à Perpète les Oies.

– OK. C'est noté, Madame. Bonne journée. »

Ah, c'est tout ? Il ne me met pas en garde à vue pour soupçons de tentative d'escroquerie à l'assurance ? En plus, j'avais pris un gros livre ! En plus, en développement personnel ! Pour trouver les bons mantras pour tenir le coup ! Il ne me fait pas non plus un interrogatoire musclé pour me faire avouer ? Elle est bizarre, la police !

À la sortie, je signe ma déposition. Et là, un jeune homme de la police, armé jusqu'aux dents avec gilet pare-balles et tout, et tout, m'aborde. Là, c'est sûr, maintenant que j'ai signé, la garde à vue, je vais y avoir droit ! Et l'interrogatoire va être musclé, vu son équipement ! Ce qui est louche, c'est qu'il me fait un grand sourire.

« Bonjour Madame, vous lisez quoi ?

– Eh bien, ce gros livre en développement personnel. Vous connaissez ?

– Non, mais j'aime bien les livres en développement personnel. (Ah bon ? La police aussi, elle lit ? Et du développement personnel en plus ?)

– Moi aussi, j'en ai plein. J'avais pris celui-là parce qu'il est gros et qu'il faut du temps et de la concentration pour le lire. Finalement je n'ai pas eu le temps.

– Vous savez, ce qui est bien aussi c'est les livres audio. (Je me disais bien que la police ça avait autre chose à faire que de lire, vu tous les terroristes qui traînent dans la rue !)

– Ah oui, c'est une bonne idée. Je n'y avais jamais pensé ! Bon, il faut que j'y aille ! Au revoir Monsieur. »

Le lendemain, je reçois un appel.

« Bonjour Madame, c'est le commissariat. (Ouh là ! cette fois-ci, c'est sûr, je vais y avoir droit à ma garde à vue !).

– Bonjour Monsieur.

– Je suis l'agent que vous avez vu en partant. (Ouh là là ! Ça sent mauvais ! Parce que celui-là, il est armé jusqu'aux dents !).

– Euh… ? Ah oui !

– J'aimerais bien faire un échange de livres avec vous.

– !!!... Ah bon ?... Et... vous avez quoi comme livres ?

– J'ai ce livre-ci, j'ai ce livre-là. J'ai même des livres audio. Et vous, vous avez quoi ?

– Euh... j'en ai plein. Mais je ne peux pas vous dire les titres parce qu'ils sont encore dans les cartons. Je viens d'emménager.

– Bon, ben, quand vous aurez défait vos cartons, recontactez-moi.

– OK. Merci. Bonne journée.

– Bonne journée, Madame. »

Inutile de vous dire que je ne l'ai jamais recontacté. Et puis, de toute façon, depuis, j'ai des problèmes avec mon téléphone. Il marche beaucoup moins bien. J'entends des bruits sur la ligne, je perds des sms aussi bien à l'envoi qu'à la réception, je perds des contacts... Pour un peu, je l'aurais soupçonné de m'avoir mise sur écoute ! Mais il avait l'air tellement passionné par les livres que je pense plutôt qu'il a dû tout simplement se laisser emporter par sa passion ! Par contre, je n'en ai plus jamais entendu parler !

Il faut dire que la police est bien occupée à faire régner l'ordre dans notre beau pays laïque.

Notre belle et noble laïcité (ou ce qu'il en reste !)

Ah, notre belle et noble laïcité ! On ne se lasse pas d'en parler ! Elle fait toute notre fierté !

Je vais vous dire le fond de ma pensée (pas celle de toute une communauté).

La laïcité est née de la nécessité de faire une séparation entre l'Église et l'État : la religion, ça ne rapportait pas. Ce n'est pas avec six francs six sous récoltés chaque dimanche à la messe que l'État allait s'en mettre plein les poches !

Donc, il a bien fallu séparer l'Église et l'État. Du coup, toutes les religions dans le même panier : ce sera le respect de toutes. Seulement maintenant, ce n'est plus la séparation qu'on veut, c'est la disparition. Surtout si c'est la religion musulmane ! C'est ça, qu'on appelle le respect !

Les chrétiens, ça passe. Eh, oh, on est quand même dans un pays judéo-chrétien ! Il ne faudrait pas l'oublier ! Donc, la croix autour du cou, on tolère. Il faut juste qu'elle ne soit pas trop grande. Pas plus de dix centimètres. Pour éviter les torticolis. Manger du poisson le vendredi à la cantine ? OK. Fêter Noël dans les écoles ? OK. Chanter *« Douce nuit »* à la Fête de Noël dans les écoles ? OK mais ce sera en anglais. Il ne faudrait pas qu'on puisse le repérer. Une crèche avec le petit Jésus, dans la mairie ? Pourquoi pas ! Plus rien à demander ?

Les juifs, ça passe aussi. Ben oui, dans judéo-chrétien, il y a judéo ! Et puis, on n'a pas été très gentils avec eux par le passé. On a honte. Alors, on leur doit bien ça. Ils peuvent porter leur kippa avec fierté !

Mais alors, les musulmans... À vous, on ne vous a rien demandé ! Ce n'est pas parce qu'ils ont prêté main forte à la reconstruction de notre pays, qu'il faudrait qu'ils se croient tout permis. Déjà qu'ils sont arrivés en France sans le sou. En plus, ils n'ont pas le droit de jouer aux jeux de hasard ! Ce n'est pas eux qui vont remplir les caisses de la Française des Jeux ! Donc, consigne : tout faire pour les dégager. Nom de la mission : Chasse aux sorcières.

De la viande halal à la cantine ? Non mais, vous vous croyez au Club Med ? Abattage rituel ? OK mais limité – *merci de tout faire pour les arrêter*. Voile dans les écoles ? Prohibé. Pas question de porter le voile avec fierté. Par contre, il va falloir faire quelque chose dans les universités. On y voit des femmes voilées. Elles commencent à étudier. Attention, danger. Elles pourraient devenir PDG. Et pourquoi pas présidentes, tant qu'on y est !

Ah, ce chapitre sur la laïcité me fait bien rigoler ! Je me trouve assez douée. Mais dans la vraie vie, ça ne me fait pas rire du tout. À nous musulmans, on nous sert la laïcité à toutes les sauces. Je ne peux plus digérer. En France, cher pays de mon enfance, pourtant pour sa cuisine, réputé, j'ai affaire à de très mauvais cuisiniers. Alors, permettez-moi de m'énerver.

Exemple : À l'école : « La religion ne doit pas rentrer dans l'école ! » La religion musulmane, peut-être, mais les autres elles y sont bien rentrées ! Parce que les enfants ont bien chanté une chanson sur le petit Jésus à la fête de Noël. « Ah, mais il n'était pas cité ! ». Et *« Douce Nuit »* qui a été chanté l'année dernière ? C'est bien un hymne à la naissance de Jésus ! On le chante bien à la messe de minuit, le soir de Noël (je suis musulmane, voilée, mais j'ai quand même baigné dans la religion chrétienne) ! « Ah mais c'était en anglais ! ». Pas de bol : je comprends l'anglais. Et puis, en anglais ou en arabe, ça reste un chant religieux. Chez les Arabes aussi, il y a des chrétiens. Et ils vont aussi à la messe de minuit. Donc ils doivent bien aussi le chanter ! « La France est de culture judéo-chrétienne ! ». Ah, excusez-moi. Désolée. Je n'ai plus qu'à rabattre mon caquet.

J'ai fini par devenir consultante de la directrice en matière de décryptage de chants. Apparemment, même si elle a fait un travail formidable avec les enfants, et je l'en remercie sincèrement, elle n'était pas aussi douée que moi sur le sujet. Il faut dire que l'Education nationale est réputée pour ne jamais finir les programmes. Dans sa formation, elle avait dû s'arrêter au décryptage du fait religieux musulman ! Moi, comme je suis musulmane de culture chrétienne, je sais décrypter les deux. Donc, on était complémentaires.

Autre exemple : À l'accrobranche !

« Je vais devoir demander à votre fille de retirer son voile. Ici, c'est un établissement laïque. Les signes religieux sont interdits.

– Euh, comment ça, c'est un établissement laïque ?

– Ben oui, c'est un établissement public.

– Comment ça, c'est un établissement public ?

– Ben oui, c'est régi par le Conseil général. »

Ou régional, ou je ne sais plus quoi. Je ne me souviens plus très bien parce que là je commençais à voir rouge.

« C'est comme quand vous allez à la mairie, il faut l'enlever. »

Alors là, je me suis énervée ! Encore une fois ! (Ce n'est pas parce que je voulais devenir bonne sœur que je suis une sainte ! J'ai été créée faible. Comme tout le monde.)

Devant mon amie Sabah, qui m'accompagnait, et qui, elle, était morte de rire. Il faut dire que le rire, c'est sa spécialité, même si elle est musulmane, même si elle est voilée. Ah ! Sabah ! C'est la fille musulmane voilée la plus drôle du monde ! Que dis-je ? C'est la fille tout court la plus drôle du monde ! « Ah ! Ah ! Ah ! Vous ne savez pas sur qui vous êtes tombée ! » Depuis dix-sept ans que l'on se connaît, elle connaît toutes mes (més)aventures et comment je les ai réglées.

Devant aussi ma fille, qui était gênée. Encore une fois sa mère se donnait en spectacle en public. On n'était quand même pas au cirque ! Elle était livide. Elle qui est un vrai soleil qui rayonne par son humour et sa joie, eh bien, là, elle ne rayonnait pas. Mais alors, pas du tout ! Pas un seul petit rayon ne sortait de mon soleil. C'était l'éclipse !

Moi, tout ça ne me faisait pas rire non plus.

« Non, mais dites donc, la laïcité, ça s'applique seulement dans deux cas de figure : pour les élèves jusqu'en fin de terminale (même pour passer les épreuves, leur foulard elles peuvent le garder), et pour les fonctionnaires dans le cadre de leurs fonctions (maintenant, je suis rôdée).

– Ce sont les consignes de la direction. Mais je ne demande qu'à apprendre.

– Eh bien dites à la direction, et sachez, qu'elle encourt cinq ans d'emprisonnement et soixante-quinze mille euros d'amende. Et que je ne vais pas en rester là. Et vous êtes qui, vous, que je puisse le noter ?

– Euh, la responsable adjointe. Mais je vais reformuler : Est-ce que votre fille pourrait rentrer son voile dans son pull, par mesure de sécurité ? »

Ah ben, voilà ! Il faut me parler de sécurité, pas de laïcité !

J'ai fini par m'excuser de m'être énervée. Et puis, sécurité - laïcité, ce sont deux mots très proches. Elle a dû cafouiller. Et puis, elle devait être timide : elle était toute rouge !

Il faut que je sois très claire, et là, je pense que je peux parler au nom de la communauté. Je me fiche et contre-fiche qu'on porte la croix ou la kippa. Qu'on chante Jésus dans les écoles. Qu'on mette des crèches dans les mairies. Moi, ce qui me gêne, c'est la différence de traitement des religions. Alors que justement la laïcité était censée les mettre toutes sur le même pied d'égalité. Elle garantissait le respect de TOUTES les religions.

Mais, après, peut-être que je l'ai mal comprise, la laïcité. Alors, pour en avoir le cœur net, je vais chercher la définition sur le site du gouvernement. J'estime que ce sont quand même ceux qui nous gouvernent qui doivent être le plus à même de nous l'expliquer.

Alors voyons voir ! Je tombe sur une page intitulée « *Qu'est-ce que la laïcité ?* ». Ah ben voilà, c'est tout à fait ce que je recherchais !

« *La laïcité repose sur trois principes et valeurs : la liberté de conscience et celle de manifester ses convictions dans les limites du respect de l'ordre public,*

Euh, je crois que dans mon pays ils ont juste compris qu'on avait le droit de faire des manifs ! Il y a même des manifs contre ceux qui manifestent leurs convictions musulmanes ! Parce que là tu dépasses les limites du respect ! En te voilant tu ne respectes pas les gens ! On dirait.

Je continue avec le deuxième principe :

la séparation des institutions publiques et des organisations religieuses,

Bon, ça, j'en ai déjà parlé. Mais je me demande bien s'il y a toujours séparation des institutions publiques et des organisations religieuses, lorsque l'État veut organiser l'Islam de France ! Mais bon, j'dis ça, j'dis rien !

et l'égalité de tous devant la loi quelles que soient leurs croyances ou leurs convictions. »

Alors, là, allez dire ça à tous les Mohammed et à tous ceux qui ne sont pas tout à fait blancs ! L'égalité devant la loi, ils pourront vous en écrire un livre !

« La laïcité garantit aux croyants et aux non-croyants le même droit à la liberté d'expression de leurs convictions.

Quel même droit ? Quelle liberté d'expression ? Ah, oui, quand tu t'appelles Charlie, pas quand tu t'appelles Mohammed !

Elle assure aussi bien le droit d'avoir ou de ne pas avoir de religion, d'en changer ou de ne plus en avoir. »

Là, ils auraient pu faire court en disant tout simplement : Elle assure le droit de ne pas avoir de religion ou de ne plus en avoir !

« Elle garantit le libre exercice des cultes et la liberté de religion, mais aussi la liberté vis-à-vis de la religion : personne ne peut être contraint au respect de dogmes ou prescriptions religieuses. »

Ça, c'est bien de rappeler aux religions qu'on n'a pas le droit de contraindre qui que ce soit. Même aux musulmans qui ont un verset qui dit : « Point de contrainte en religion ! » (Là, excusez-moi de citer un verset, mais, promis, c'est le seul que je cite !). Par contre, la garantie du libre exercice des cultes et la liberté de religion ? On parle de la France ou de la Suède ?

« La laïcité suppose la séparation de l'Etat et des organisations religieuses. L'ordre politique est fondé sur la seule souveraineté du peuple des citoyens, et

l'Etat — qui ne reconnaît et ne salarie aucun culte — ne régit pas le fonctionnement interne des organisations religieuses. » Là, on insiste, sur la séparation. Chacun subviendra à ses propres besoins (c'est bon, les églises, ça nous a déjà coûté assez cher !).

« *De cette séparation se déduit la neutralité de l'Etat, des collectivités territoriales et des services publics, non de ses usagers.* »

Vous avez lu ça, Madame la responsable adjointe de l'accrobranche ?

« *La République laïque assure ainsi l'égalité des citoyens face à l'administration et au service public, quelles que soient leurs convictions ou croyances.* »

Euh... si je peux me permettre, j'ai l'impression que quand t'es un peu typé, tu as quand même droit à plus de contrôles d'identité que les autres !

« *La laïcité n'est pas une opinion parmi d'autres mais la liberté d'en avoir une. Elle n'est pas une conviction mais le principe qui les autorise toutes, sous réserve du respect de l'ordre public.* »

Ah, donc les laïcards qui font la chasse aux sorcières n'auraient pas droit de cité ? Si je comprends bien... Parce que... on utilise tellement de belles paroles qu'on finit par en oublier le sens et par ne plus rien comprendre.

Bon, allons voir si notre Constitution datant de 1958 aussi garantit l'égalité des religions !

Ouh là ! Mais elle fait vingt-trois pages ! Alors je vais m'arrêter au préambule et à l'article premier. Je vous épargne tous les autres articles. En plus, en y regardant bien, ils parlent du président, du gouvernement, du parlement, des collectivités territoriales et compagnie. Inintéressant !

« PRÉAMBULE

Le peuple français proclame solennellement son attachement aux Droits de l'homme et aux principes de la souveraineté nationale tels qu'ils ont été définis par la Déclaration de 1789, confirmée et complétée par le préambule de la Constitution de 1946, ainsi qu'aux droits et devoirs définis dans la Charte de l'environnement de 2004.

Euh… Je ne comprends pas ce que cette Charte de 2004 vient faire ici puisque la Constitution date de 1958 ! Attendez, je vérifie… Ah, apparemment cette Constitution a été mise à jour en 2008. Je comprends mieux.

En vertu de ces principes et de celui de la libre détermination des peuples, la République offre aux territoires d'outre-mer qui manifestent la volonté d'y adhérer des institutions nouvelles fondées sur l'idéal commun de liberté, d'égalité et de fraternité et conçues en vue de leur évolution démocratique.

ARTICLE PREMIER

La France est une République indivisible, laïque, démocratique et sociale. Elle assure l'égalité devant la loi de tous les citoyens sans distinction d'origine, de race ou de religion. Elle respecte toutes les croyances. Son organisation est décentralisée.

> *La loi favorise l'égal accès des femmes et des hommes aux mandats électoraux et fonctions électives, ainsi qu'aux responsabilités professionnelles et sociales. »*

Alors, déjà, l'égalité homme-femme, apparemment c'est que dans la Constitution ! Parce que, dans la vraie vie, elle laisse à désirer... Et puis... je ne comprends pas ! Les gens, ils lisent les textes ou pas ? Là, c'est bien écrit qu'en tant que musulman, et que musulmane, même voilée, t'es égal aux autres !

Bon ben, maintenant, allons voir ce que dit la Déclaration des Droits de l'Homme et du Citoyen de 1789, puisque la Constitution dit que le peuple français y est solennellement attaché. D'ailleurs, il y est tellement attaché que la Déclaration est affichée dans tous les établissements publics.

Je suis désolée pour toutes ces citations. Mais je profite de ce livre pour mieux comprendre les valeurs de mon pays. Parce que plus ça va, et moins je les comprends. Je pense que ça peut vous être utile aussi. Sinon n'hésitez pas à passer au chapitre suivant. De toute façon, je pense que même la plupart des hommes politiques ne lisent ni lois, ni Constitution, ni DDHC[7], ni rien du tout. Tout ce qui doit les intéresser, c'est d'avoir des avantages et d'être célèbres.

Alors :

Les Représentants du Peuple Français, constitués en Assemblée Nationale, considérant que l'ignorance,

---

[7] Déclaration des Droits de l'Homme et du Citoyen.

l'oubli ou le mépris des droits de l'Homme sont les seules causes des malheurs publics et de la corruption des Gouvernements,

Ah, ça commence bien ! J'en déduis que, vu la corruption dans ce pays et les maux de notre société, les politiciens sont ignorants, qu'ils oublient ou méprisent les droits de l'homme. Je comprends mieux mon dégoût pour la politique ! Et j'ai bien fait de ne pas citer tous les articles de la Constitution !

Je continue : *ont résolu d'exposer, dans une Déclaration solennelle, les droits naturels, inaliénables et sacrés de l'Homme,* – ah bon ? Tu crois qu'un musulman, c'est un homme ? – *afin que cette Déclaration, constamment présente à tous les Membres du corps social, leur rappelle sans cesse leurs droits et leurs devoirs ; afin que les actes du pouvoir législatif, et ceux du pouvoir exécutif, pouvant être à chaque instant comparés avec le but de toute institution politique, en soient plus respectés ;*

Donc, on nous explique que cette déclaration sera affichée dans tous les établissements publics pour que les fonctionnaires ne l'oublient jamais (les fonctionnaires n'ont pas une mémoire d'éléphant ; ils peuvent oublier car ce sont des êtres humains comme nous – ils ont juste un peu plus d'avantages) et pour qu'on respecte leur travail.

afin que les réclamations des citoyens, fondées désormais sur des principes simples et incontestables, tournent toujours au maintien de la Constitution et au bonheur de tous.

Alors, ça, c'est bien d'être soucieux du bonheur des gens ! Et nous, musulmans, on y a droit aussi dans ce pays ?

En conséquence, l'Assemblée Nationale reconnaît et déclare, en présence et sous les auspices de l'Etre suprême, les droits suivants de l'Homme et du Citoyen.

Tiens, tiens. C'est qui, l'Être suprême ? C'est Dieu ? Bizarre ! Ah mais oui, c'est vrai ! C'était avant la laïcité ! À l'époque, on avait le droit d'en parler. Et puis, ils n'ont pas dit : Dieu. Ils ne l'ont pas cité.

Art. 1er. *Les hommes naissent et demeurent libres et égaux en droits. Les distinctions sociales ne peuvent être fondées que sur l'utilité commune.*

Ça c'est beau ! Donc, tu crois qu'un musulman qui monte une entreprise, qui emploie des salariés, ou qui nettoie les déchets de ses concitoyens, et qui donc est utile à la société, il est l'égal des autres ? – C'est écrit : si t'es utile à la société, t'es égal aux autres. – Même si t'es voilée ? – Euh, là... on va réfléchir. On sortira une loi plus tard. Là on est pressé. On vient de faire la Révolution. Le pays est à feu et à sang. On ne peut pas répondre à toutes les revendications ! Lire l'article 4.

Art. 4. *La liberté consiste à pouvoir faire tout ce qui ne nuit pas à autrui : ainsi, l'exercice des droits naturels de chaque homme n'a de bornes que celles qui assurent aux autres Membres de la Société la jouissance de ces mêmes droits. Ces bornes ne peuvent être déterminées que par la Loi.*

Ah, donc, c'est ça : apparemment j'ai dépassé les bornes puisqu'ils ont fini par sortir une loi !

Art. 6. *La Loi est l'expression de la volonté générale. Tous les Citoyens ont droit de concourir personnellement, ou par leurs Représentants, à sa formation. Elle doit être la même pour tous, soit qu'elle protège, soit qu'elle punisse.*

Euh... je crois qu'ils ont oublié de jeter un œil sur leur affiche, lorsqu'ils ont arrêté le frère Tariq[8] !

Tous les Citoyens étant égaux à ses yeux sont également admissibles à toutes dignités, places et emplois publics, selon leur capacité, et sans autre distinction que celle de leurs vertus et de leurs talents.

Donc, t'es moins vertueuse et t'as moins de talent, si t'as un voile, on dirait. Si tu veux accéder à un emploi public, t'as intérêt à l'enlever !

Art. 7. *Nul homme ne peut être accusé, arrêté ni détenu que dans les cas déterminés par la Loi, et selon les formes qu'elle a prescrites. Ceux qui sollicitent, expédient, exécutent ou font exécuter des ordres arbitraires, doivent être punis ; mais tout citoyen appelé ou saisi en vertu de la Loi doit obéir à l'instant : il se rend coupable par la résistance.* Ah bon ? Alors, soit il y a eu faute professionnelle soit ils ne savent pas lire, ceux qui représentent notre Justice ! Le frère Tariq n'a pas résisté. Cela ne l'a pas empêché

---

[8] Tariq Ramadan. Ce qu'il a fait ou pas n'est pas le sujet. Je le cite car son arrestation est l'exemple du deux poids deux mesures qui règne dans notre pays !

de se retrouver en prison. Contrairement à d'autres... qui ne sont pas musulmans !

Art. 8. *La Loi ne doit établir que des peines strictement et évidemment nécessaires, et nul ne peut être puni qu'en vertu d'une Loi établie et promulguée antérieurement au délit, et légalement appliquée.*

Art. 9. *Tout homme étant présumé innocent jusqu'à ce qu'il ait été déclaré coupable, s'il est jugé indispensable de l'arrêter, toute rigueur qui ne serait pas nécessaire pour s'assurer de sa personne doit être sévèrement réprimée par la loi.*

Bon, ça me rassure ! Tous les auteurs de passages à tabac lors de certaines interpellations seront sévèrement punis par la loi. C'est garanti par la Déclaration des Droits de l'Homme. C'est écrit.

Art. 10. *Nul ne doit être inquiété pour ses opinions, même religieuses, pourvu que leur manifestation ne trouble pas l'ordre public établi par la Loi.*

Ça se voit que ça faisait des siècles que les musulmans avaient été chassés du pays, en 1789. Et que donc ils n'ont pas pensé à eux lors de la rédaction de la Déclaration des Droits de l'Homme. Mais en 1958, date de la Constitution qui proclame solennellement son attachement à cette Déclaration, l'Algérie était encore française ! Donc, il y avait des Français musulmans ! Pourtant, aujourd'hui, t'as pas le droit d'avoir des opinions, même religieuses, si ça relève de l'islam ! En plus, le voile, c'est agressif ! Donc ça constitue un trouble à l'ordre public !

Art. 11. *La libre communication des pensées et des opinions est un des droits les plus précieux de l'Homme : tout Citoyen peut donc parler, écrire, imprimer librement, sauf à répondre de l'abus de cette liberté dans les cas déterminés par la Loi.*

Donc, Charlie Hebdo est protégé : il peut cracher sur toutes les religions sans problème. C'est son droit le plus précieux ! Toi, si tu dis : « *Allahou Akbar*[9] ! », tu vas en prison. Toi, t'as pas le droit. En plus, t'es pas précieux !

Art. 12. *La garantie des droits de l'Homme et du Citoyen nécessite une force publique : cette force est donc instituée pour l'avantage de tous, et non pour l'utilité particulière de ceux auxquels elle est confiée.*

C'est clair : la police, elle est là pour faire régner l'ordre, pas pour racketter.

Art. 13. *Pour l'entretien de la force publique, et pour les dépenses d'administration, une contribution commune est indispensable : elle doit être également répartie entre tous les citoyens, en raison de leurs facultés.*

Donc, au lieu de râler face à l'augmentation des impôts, vous feriez mieux d'être contents de financer les équipements de plus en plus coûteux de la police, face à la menace terroriste. Et puis, le prix du café, il a augmenté !

Art. 14. *Tous les Citoyens ont le droit de constater, par eux-mêmes ou par leurs représentants, la nécessité de la contribution publique, de la*

---

[9] « Dieu est Le Plus Grand ! »

consentir librement, d'en suivre l'emploi, et d'en déterminer la quotité, l'assiette, le recouvrement et la durée.

Attendez, là, je ne comprends pas (ce doit être mon foulard qui s'est connecté à mon cerveau). On a le droit de contester de payer des impôts ?

Art. 15. *La Société a le droit de demander compte à tout Agent public de son administration.*

C'est rassurant ! On peut aller demander des comptes au maire. Comme ça, il fait attention.

Art. 16. *Toute Société dans laquelle la garantie des Droits n'est pas assurée, ni la séparation des Pouvoirs déterminée, n'a point de Constitution.*

Ah mais donc la Constitution, elle n'est pas valable ! Puisque la garantie des droits n'est pas assurée. On l'a bien vu avec le frère Tariq. Moi-même, j'ai pu le constater. Et puis, quelle séparation ?!!!

C'est beau de faire une Constitution qui garantit l'égalité de tous. Mais, finalement, c'est que du pipeau ! Non, mais, franchement, pour qui nous prend-on ? De qui se moque-t-on ? Et là, je parle au nom de tous : musulmans, chrétiens, juifs, croyants, athées, agnostiques, blancs, noirs, jaunes, rouges, verts (je n'ai rien contre les extraterrestres), passionnés de physique ou de gymnastique, pianistes ou accordéonistes...[10] Je comprends mieux pourquoi personne ne la lit plus, la Constitution !

---

[10] Petit clin d'œil à Samia Orosemane !

Il reste encore un article. Mais, c'est bon, tout est dit dans l'article 16. Inutile de continuer !

Ils étaient en avance sur notre temps en 1789 ! Pourtant c'était la Révolution. Ils avaient dû fêter ça. Ils avaient dû bien trinquer avant de l'écrire, la Déclaration des Droits de l'Homme ! Mais ils sont quand même restés lucides. Enfin, après avoir été opprimé, l'Homme aurait droit à plus de dignité !

En 1958 aussi, ils étaient restés sensés pour nous écrire une nouvelle Constitution, alors qu'ils avaient dû avoir un repas bien arrosé juste avant pour fêter la nouvelle République ! Dans ces textes on parle bien de respect des convictions de chacun et de liberté de les exprimer, quelle que soit sa religion.

Le problème, c'est que, depuis la Déclaration et la Constitution, la plupart de nos hommes politiques sont beaucoup trop pris à assister à des cocktails et autres buffets dînatoires ! Ils sont tellement pris qu'ils sont obligés de faire la sieste sur les bancs de l'Assemblée nationale ! Du coup ils n'ont pas le temps de lire tous ces textes qui, il est vrai, sont en plus rébarbatifs à lire. Donc personne ne les applique. Et voilà comment on en arrive à une chasse aux sorcières envers les musulmans, qui n'a pas lieu d'être. Je comprends mieux pourquoi ma religion m'interdit de boire !

Bon, ben, il y a sûrement autre chose qui prouve que j'ai le droit d'être libre et respectée, moi, musulmane, voilée. Ah, mais c'est bien sûr : Liberté – Égalité – Fraternité ! Comment n'y avais-je pas pensé ? Cette fois, c'est sûr, avec juste trois mots, nos politiciens et nos concitoyens ont dû la lire, notre devise nationale !

Liberté – Égalité – Fraternité

Il y a des devises qui puent l'inhumanité : « Arbeit macht Freiheit[11] ». La nôtre fleure bon le retour à la paix : Liberté – Égalité – Fraternité ! Ah ! Que ces trois mots font du bien ! Ça y est, l'espoir me revient !

Pas étonnant qu'il y ait autant d'immigrés ! Avec une telle devise on les a attirés. Dans notre beau pays, ils sont venus chercher ce que, dans leur propre pays, ils n'ont pu trouver. Il est vrai que juste avec trois termes, côte à côte apposés, notre devise a des allures de publicité. Je soupçonne même un aïeul de Séguéla de l'avoir fabriquée !

Seulement, une fois le produit acheté, on se rend bien compte qu'on a été dupé ! Ces pauvres immigrés ont dû bien vite déchanter !

Cette devise, ce sont trois mots, pas plus, qu'on a accolés seulement parce qu'ils rimaient. Parce que, franchement, est-ce que ceux qui ont eu cette super idée de devise, ont eu aussi l'idée d'aller chercher dans le dictionnaire ce que ces trois mots signifiaient ? Je ne crois pas. Alors, je vais le faire pour eux.

J'attrape mon Robert illustré. Ah, c'est gros quand même un dictionnaire ! J'ai failli le faire tomber ! Et puis c'est lourd ! Il faut faire de l'haltérophilie pour pouvoir le porter !

---

[11] « Le travail fait la liberté », devise inscrite à l'entrée des camps de concentration de la 2de Guerre mondiale

Alors, je cherche : A, B, C, D, E, F, G, H, I, J, K, L. Liberté ! Oh, mais elle fait presque deux colonnes, la définition ! Cela ne m'étonne plus que tout le monde soit perdu ! Qu'on ne sache plus ce que c'est, la liberté ! Plus personne n'a le temps de lire une définition sur deux colonnes ! J'hésite à continuer (je comprends mieux ces messieurs qui ont inventé la devise) mais je regarde quand même la première définition et là je suis super intéressée.

Alors, voici ce que je lis : « **liberté n.f. (latin *libertas*, de *liber* -> libre) I.1** Situation d'une personne qui n'est pas sous la dépendance de qqn *(ah, eux aussi ils écrivent en langage sms ? Non mais, où va-t-on ?)* (**opposé à** *esclavage, servitude*) ou qui n'est pas enfermée (**opposé à** *captivité*). »

Ah mais si, finalement, ils l'ont bien lue la définition ! Liberté, c'est tout à fait adapté ! On sait bien que la femme voilée est dépendante de son mari et enfermée. Elle n'est pas libre, donc elle n'est pas concernée. La liberté, c'est pas elle qui pourra venir la revendiquer. Pas la peine de lire les autres définitions. Premier mot, adjugé !

Bon, à défaut d'être libre, je suis peut-être égale. Alors, voyons voir le mot Égalité. Retour en arrière : L, K, J, I, H, G, F et E. Je comprends que ces messieurs ne se soient pas attardés dans le dictionnaire. Ça demande quand même quelques manipulations. Et quand on a de l'arthrose, les pages, ce n'est pas facile à tourner !

Bon, j'y suis : Égalité. Là c'est plus abrégé. L'égalité, ça n'a pas l'air d'être un concept trop compliqué. Alors, je lis : « **égalité** n.f. (**latin æqualitas** -> **égal**) **1.** Caractère de ce qui est égal. *L'égalité des forces en présence. Les joueurs sont à égalité (de points)* -> **ex æquo.** - gramm. *Comparatif d'égalité (aussi, autant... que).* »

Alors, là, moi je ne suis pas très forte et je n'aime pas beaucoup jouer. Parce que je n'aime pas être à égalité. Ce que j'aime, moi, c'est gagner. Et puis, si je me compare, je trouve que je ne suis pas aussi bien servie en parfumerie que Madame Dupont avec son tailleur bleu marine et ses talons aiguille. À moi, on me refile toujours les cadeaux les plus hideux et des échantillons de parfums bons pour la poubelle ! Hum, hum. Je commence à comprendre que je ne suis pas égale. Je continue quand même la définition.

« **2.** Rapport entre individus égaux. *L'égalité devant la loi. Liberté, égalité, fraternité. L'égalité des chances.* »

Alors, s'il faut dévoiler son intimité pour avoir un peu d'égalité, là, je crois que je vais laisser tomber ! Ça commence à déraper ! Et puis, ils se sont pas trop foulés : leur devise, c'est ici qu'ils l'ont trouvée !

En plus, excusez-moi, mais l'égalité devant la loi, le frère Tariq l'a testée. Il pourra nous dire que c'est un concept inventé ! Et l'égalité des chances, non mais ils ont dû rêver !

Moi, j'étais une fois à un recrutement pour de la téléphonie. J'étais avec d'autres candidats. J'ai explosé tous les records : ceux de culture générale, de frappe, de français et d'anglais. Eh bien, je pense que vous avez deviné : ma candidature est partie au panier !

Problème de disponibilité, il paraît. Effectivement, je voulais mon mercredi. Mais ma voisine, non musulmane, non voilée, elle aussi, elle voulait son mercredi. Et elle, elle a été sélectionnée. Comme j'ai fait remarquer cette incohérence à la directrice, eh bien la voisine, elle aussi, a été éjectée. Il ne faudrait pas qu'on croie qu'ils m'ont discriminée !

Bon, revenons à nos moutons (je sais que vous en avez assez d'entendre parler des moutons de l'aïd, mais imaginez que ce soit de beaux moutons qui seront épargnés et qui gambadent dans une belle prairie avec de l'herbe à perte de vue). Bon, donc, revenons à nos beaux moutons qui sont en train de brouter. Eh bien, je suis un peu choquée ! Après seulement deux définitions ! Mais je poursuis encore.

« **3.** Rapport entre des grandeurs égales ; formule qui exprime ce rapport. *L'égalité des nombres.* »

Non, mais ils sont vraiment obsédés dans le dictionnaire ! Heureusement qu'il ne reste plus qu'une définition, sinon j'aurais abandonné !

« **4.** Qualité de ce qui est constant, régulier. *L'égalité de son humeur ; son égalité d'humeur.* »

Alors, là, mon humeur n'est pas du tout égale : je peux me réveiller très joyeuse et être très irritée dans le moment qui suit, si les enfants traînent dans leur lit ! Et puis, vous voyez, j'avais commencé cette recherche pleine de bonne volonté et voilà que là je suis un peu énervée !

Alors, s'il faut faire toujours ex-æquo (même pas le droit de gagner), dévoiler son intimité, être obsédé et en plus rester de bonne humeur, là je dis : Non, vraiment, je ne suis pas égale. Et je préfère le rester !

Il me reste quand même une dernière chance de me retrouver dans ces mots alignés, au nombre de trois. On n'est peut-être pas obligé d'être tous à la fois. Alors, on continue. On ne sait jamais ! J'avoue que je suis quand même un peu décontenancée. On va essayer de retrouver sa bonne humeur. Allez, allez ! Bon, et puis là, les efforts sont presque terminés : le F se trouve juste après.

Mais bon, tout bien réfléchi, ce n'est peut-être pas la peine de continuer. Dans le mot Fraternité, il y a « frère », ce qui implique une masculinité. Or, je suis désolée, mais moi, je ne suis pas un homme. Je tiens à ma féminité. Et puis, tous les nouveaux genres qu'on a découverts, on les a oubliés ? Eux non plus n'ont pas droit à la Fraternité, alors ?

Je ne me sens ni libre, ni égale, ni frère dans cette contrée. Parce que j'ai bien compris que Liberté - Égalité - Fraternité ce n'est pas pour les voilées. C'est pour ceux qui n'ont aucun signe particulier.

Et puis, attendez ! Ça me rappelle quelque chose dans la Constitution. Attendez que je relise... Ah, mais oui ! Ça ne m'avait pas interpellée lorsque je l'ai lue la première fois. Il est bien écrit à la fin du préambule que liberté – égalité – fraternité est un idéal commun. C'est un idéal, pas la réalité ! On nous a bernés !

Alors, moi je dis : il va falloir faire une vraie devise sinon la France va être désertée ! Et pas que par les femmes voilées. Je comprends que certains fassent l'hégire[12]. Ils aspirent à la liberté, à l'égalité et à la fraternité, qu'ils ne trouvent pas ici. Alors, si on n'agit pas, bientôt ce ne sera plus la France pour tous mais la France pour personne ! Tellement plus personne ne voudra y rester. À part les derniers irréductibles évidemment.

Alors, je propose : Humanité – Hospitalité – Respect.

Humanité : Comme ça tout le monde serait accepté. T'es blanc, t'es humain ? C'est bon, t'es accepté. T'es noir, t'es humain ? C'est bon, pour toi aussi ça va aller. T'es voilée, t'es humaine ? C'est bon. Tu vas pouvoir aller à l'école et travailler. Et si le cœur t'en dit, tu pourras même aller à la piscine. Avec ton burkini. Mais c'est vrai quand même que des fois on se demande si certains sont humains, qui se transforment en assassins, après avoir été de mignons petits bambins.

Hospitalité : Comme ça les Marocains pourront exercer tout leur talent et montrer aux autres comment on fait. Profitons tant qu'il y en a dans ce pays. Parce que, au rythme où ça va, ils seront peut-être tous barrés au bled dans leur casbah dans quelques années ! Je sais que ça en arrangerait certains mais comment on fait, nous, s'ils sont plus là pour nous le montrer, le sens de l'hospitalité ? En plus, ils ont la recette du couscous ! Et des cornes de gazelle ! Ah non, faut vraiment insister ! Et puis, du coup, c'est dommage parce que la devise, elle

---

[12] Faire l'hégire : s'exiler comme le Prophète Mohammed qui est parti de La Mecque à Médine pour fuir les persécutions.

marchera plus ! Et « hospitalité » c'est pas très loin de « humanité » dans le dictionnaire. Ça éviterait de trop tourner les pages, si ça prenait à quelqu'un de vouloir vérifier la définition des mots, si jamais ils venaient à perdre leur sens. Ah, mais c'est vrai : maintenant il y a Internet ! Il suffit de faire copier-coller ! Bon, on va quand même continuer à expliquer notre devise, en considérant que les Marocains sont tous restés.

Respect : Alors, ça, ce serait le pied ! Plus personne qui essaie de te doubler dans la file d'attente chez le boulanger. Plus personne qui va t'humilier et t'obliger à te déshabiller alors que tu profites du soleil sur la plage par une magnifique journée. Tout le monde qui voudra te recruter tellement t'es talentueuse, même voilée. D'ailleurs, le voile on le verra même plus. C'est comme si t'avais toujours été tête nue. Vive la France !

Mais bon, le temps de faire une vraie devise, il y en a sûrement qui se seront expatriés. Moi, j'aimerais bien retourner en Amérique, où j'ai déjà vécu. Ah, c'est vrai, je ne vous ai pas encore raconté !

L'Amérique

L'Amérique, c'est quand j'étais jeune. Il y a quelques années. (C'est presque comme si c'était hier. Enfin… comme si c'était avant-hier !). J'ai saisi l'occasion d'y travailler. C'était à la Banque Mondiale. Dans la capitale. À Washington D.C. À prononcer Di Si. Je sais, on n'est pas habitué ici.

Alors, non, mon job n'était pas femme de ménage (je vous ai dit que j'ai perdu le gène). J'étais secrétaire bilingue. Ils étaient très intéressés par mon français.

C'est comme ça que je me suis retrouvée au pays de l'Oncle Sam avec, sur mon passeport, un beau visa G4. Celui des personnes en mission auprès d'une organisation internationale comme les Nations Unies. En plus, il était valable quatre ou cinq ans, je ne me souviens plus. Ah ! Je n'étais pas peu fière de mon visa !

Là-bas, c'était un vrai paradis pour les Français ! On trouve tout comme chez nous. Heureusement ! Car c'est un petit peu loin quand même ! Alors, je travaillais avec des Français. Je vivais avec des Français. Je lisais les journaux français. Avec des nouvelles de la France. Des vraies, en français. Pas comme celles de CNN qui étaient en anglais. J'avais de la chance : à la Banque Mondiale, on avait un kiosque où je pouvais trouver tous les bons journaux français. Alors, toutes les semaines, j'achetais Paris-Match que je passais aux autres Français.

En plus, Je mangeais français... le week-end. Parce que la semaine, j'habitais dans un foyer de jeunes filles, sur Capitol Hill. Et là-bas, on mangeait de la « *institutional food* », qui se traduit par : nourriture institutionnelle. Je ne sais pas si ça évoque quelque chose pour vous. En fait, comme dans le foyer, ils n'étaient pas très friqués, ils ne prenaient pas les meilleurs cuisiniers. Je me demande même si ce n'était pas des plombiers qu'on avait déguisés. Et donc ils s'exerçaient au self et nous on mangeait. Alors le week-end on se rattrapait. Toute la semaine à manger mauvais. Et puis la cuisine française, ça nous manquait !

D'ailleurs, il n'y a pas que la cuisine qui nous manquait. TOUT nous manquait ! Tout ce qui était français. Parler français, les croissants au petit-déjeuner. Heureusement que je travaillais avec des Français : je n'avais plus que les croissants à aller chercher. Mais bon, ce n'était pas très compliqué : il y avait un Français (si ça avait été un Américain, ça aurait fait moins vrai) qui avait ouvert un petit café où tu pouvais manger des croissants au beurre et boire du chocolat chaud. Dans un bol français. Pour le petit-déjeuner.

Quand on n'allait pas au restau français, heureusement il y avait ma collègue française, installée là-bas définitivement depuis des années, qui nous invitait. Quand ce n'était pas ma collègue marocaine. Bon, vu la qualité de la « *institutional food* » que l'on mangeait, de temps en temps un tajine de poulet, on évitait de refuser. Et puis, ça passait parce qu'elle parlait français. Mais bon, nous on était en Amérique pour manger français. Fallait pas l'oublier !

C'est vrai que quand t'arrives en Amérique, tu te sens perdu, seul, dépaysé, toi pauvre petit Français ! En plus, je suis d'origine portugaise donc je dois être encore plus petite que la moyenne des Français.

T'as quand même laissé derrière toi ton pays (le plus beau du monde), ta langue (la plus difficile à orthographier), ta famille (à l'époque, y avait pas Skype), ta culture (la plus raffinée), ta gastronomie (la plus réputée même si les portions sont limitées – moi, deux haricots verts qui se battent en duel dans une assiette avec deux noix de Saint Jacques ça me fait pas rêver).

Bon, qu'est-ce que t'as encore laissé ? Rien, je crois qu'on a fait le tour. Parce que ton argent, tes vêtements, t'as pu les ramener. Et si t'as choisi le contrat de deux ans de la Banque Mondiale, t'as ton billet payé ainsi que ton déménagement. Donc, en plus, tes meubles, tu peux les ramener. Bon, toi, t'as préféré laisser tes meubles en France. T'as préféré jouer la prudence. OK, t'aimes bien les hamburgers et le *Coca*, mais on ne sait jamais ! Donc, non merci pour le contrat de deux ans. Tu préfères partir un an. Même si on a insisté : « Si, si, c'est mieux, deux ans : tu peux ramener tes meubles et ton billet est payé ». Pas grave, je me débrouillerai !

J'avais un beau visa sur mon passeport mais c'est vrai que j'en avais laissé des choses derrière moi ! À part mes meubles et l'argent que j'ai dû dépenser pour mon billet. Mais ce n'était pas grave parce que, finalement, je retrouvais pas mal de choses sur place. Ma langue : je la parlais tous les jours puisque je travaillais avec des Français. Ma culture : je ne fréquentais que les endroits fréquentés par les Français. Ma gastronomie : je n'allais qu'au restau français. Et l'avantage, en Amérique, c'est qu'il y a le happy hour. Alors, ça, c'est génial ! C'est une tranche horaire (genre 17 h – 20 h, il me semble) où tu peux boire et manger presque à volonté ! Ouf ! Sinon j'aurais été obligée de compléter cette fois-ci avec de la « *junk food* [13] », encore pire que la « *institutional food* », vu les portions des plats bien français.

Alors, c'est vrai que par contre tu ne retrouves pas le cher pays de ton enfance là-bas. Pas de tour Eiffel, pas de bateaux-mouches, pas de gens qui te doublent dans les files d'attente !

Et puis, à la Banque Mondiale, il y a soixante-dix pour cent d'étrangers. Tu vois des saris, des djellabas, des boubous... Partout. Ça me change du siège social de Total que je viens de quitter ! Heureusement, je travaille pour la division Afrique ! La plupart de mes collègues sont français.

Ce n'est pas non plus la même culture : en France, tout est compliqué ; en Amérique, tout est facile. Il pleut ? Dans les deux minutes qui suivent, il y a des vendeurs de parapluies sur les trottoirs. Tu ne risques pas de te mouiller ! Ce n'est pas comme en France !

Moi, j'aime bien les Américains. Ils ne se prennent pas la tête. Et ils ont toujours la solution à tout.

---

[13] De la « mal bouffe »

Comme disait l'un d'entre eux à ma banquière (c'est elle qui me l'a rapporté – eh oui, je suis en bons termes avec elle, Dieu merci !) : « Les Français, tout ce qui est possible, ils le rendent impossible. Les Américains, tout ce qui est impossible, ils le rendent possible. » Moi, je trouve que c'est tout à fait vrai.

Mais n'empêche que ma famille, non plus, je ne la retrouve pas. Et comme Skype n'existe pas, ben chaque fois que je l'appelle (pas trop souvent, parce que les portables et les forfaits illimités ne sont pas encore inventés) de plus en plus elle commence à me manquer. Jusqu'au jour où je finis par craquer. Bon, c'est bon, ça suffit ! J'ai trop de nostalgie ! Je veux quitter ce pays ! Je vais démissionner ! « Mais non, mais non, reste : t'es une perle (en voilà qui savaient m'apprécier à ma juste valeur !). On veut même t'embaucher à durée indéterminée. » Eh bien, tant pis pour ma carrière américaine ! Je le répète : je veux quitter ce pays. Je veux parler français et manger français en France avec ma famille autour d'une bonne tablée. Même mes enfants je veux qu'ils soient Français.

Et voilà, donc six mois plus tard, je me suis retrouvée en France. Heureusement, ma voisine était américaine et j'ai pu parler anglais !

LE COMMUNAUTARISME

Eh ! Vous avez entendu parler d'un phénomène super inquiétant, voire dangereux, qui se passe en ce moment ? Dans notre beau pays, la France ? Il paraît même que c'est en train de se propager au monde entier. Moi, je n'écoute pas la télé. Peut-être que vous non plus. Alors, il faut absolument que je vous en parle. Moi aussi, je crains pour votre sécurité.

Vous avez entendu parler du communautarisme musulman ? Ça fait peuuuuuur ! Un peu plus, et je ne sors plus de chez moi.

Alors, les musulmans, ils font peuuuuuur ! Ils disent tous : « *La Ilaha illa Llah. Mohammadun rassoul Allah*[14] ». Rien que d'entendre ça, ça me fait frémir ! Ils ont un langage codé pour se dire bonjour : ils se disent « *Salamo alaykoum*[15] » entre eux. Ils se regroupent tous pour prier en disant tous : « *Allahou Akbar*[16] ». Et c'est encore pire le vendredi : ils se retrouvent tous à la mosquée ! Pour prier. Avec des génuflexions et des prosternations, la tête par terre, les fesses en l'air, en faisant des incantations. Ils vénèrent une divinité qui se nomme Allah. Moi, je vous dis : ça ressemble à une secte ! C'est super dangereux, les sectes !

---

[14] « Il n'y a qu'un seul Dieu. Mohammed est le Prophète de Dieu. »
[15] « Que la paix soit sur vous ! »
[16] « Dieu est Le Plus Grand. »

Ils se retrouvent tous ensemble après la prière pour manger le couscous dans le même plat. Les uns avec une cuillère, les autres avec les doigts. Ils n'ont même pas de bonnes manières ces gens-là ! Ils boivent tous l'eau dans le même verre (heureusement, chacun son verre pour le soda !). Ils s'affament tous ensemble pendant le Ramadan. Qu'il fasse chaud ou qu'il fasse froid. Même au mois d'août ! Moi, je vous dis : c'est louche !

Ils ne boivent même pas d'alcool, même pas une petite bière (ce n'est pas eux qui vont arranger la situation de nos pauvres vignerons !). Ils lisent tous le même livre : le Coran. Ils donnent de l'argent sans compter (sûrement pour embrigader les jeunes qui vont en Syrie). Ils se retrouvent même tous à La Mecque, en pays étranger. Où ils peuvent parler arabe, seule langue qu'ils sachent parler. Pas moyen qu'ils parlent français. Ils font une fixation sur l'arabe, la langue de leur communauté. Pas moyen qu'ils s'intéressent à notre culture, la plus raffinée. Je vous dis, c'est vraiment graaave !

Eh ! Oh ! Réveillez-vous ! Ça ne vous rappelle rien, tout ça ? Mon aventure américaine, vous l'avez déjà oubliée ? Eh bien oui, je faisais déjà du communautarisme à l'étranger. *« Ben, voilà, c'est bien ce qu'on disait : ils font du communautarisme partout, les musulmans ! »* En fait, j'ai oublié de vous dire : je n'étais pas encore musulmane, encore moins voilée ! Je faisais du communautarisme franco-français ! *« Ah mais ce n'est pas pareil ! Ce n'était pas religieux. Donc ce n'était pas dangereux ! »*

Il est vrai que, aujourd'hui, en France, dont la belle devise est : Liberté - Égalité - Fraternité, le problème c'est le religieux.

Je mange halal : je mange religieux. Je dis « *inchallah*[17] » par ci, « *inchallah* » par là : je parle religieux. Je lis le Coran : je lis religieux. Je fais la prière : c'est religieux. Et si l'on pouvait disséquer ma respiration, on s'apercevrait même que je respire religieux. « *Bismillah* [18] » à l'inspiration. « *Alhamdoulillah* [19] » à l'expiration. Donc je vis religieux.

Et puis, je ne fais pas tout ça toute seule dans mon coin. Je le fais avec ma famille, avec d'autres musulmans. Donc je fais du communautarisme religieux.

Si c'est ça le communautarisme, je veux bien que l'on me taxe de communautariste. Si être voilée, c'est de l'intégrisme. OK, je signe et je persiste. Cela ne fait pas de moi une terroriste !

De toute façon, nous, les musulmans, on est habitués à tous les mots en -isme : islamisme, intégrisme, radicalisme, barbarisme, terrorisme... On dirait même qu'ils ont été inventés pour nous. Tout le monde dans le même panier ! Dans ce panier on a failli mettre christianisme et judaïsme, mais au dernier moment on les en a ressortis. Non, non, ils n'ont

---

[17] « Si Dieu le veut. »
[18] « Au nom de Dieu ! » et pas « Oh, Nom de Dieu ! »
[19] « Louanges à Dieu ! »

vraiment rien à faire au beau milieu de tout ça ! Ils sont allés rejoindre bouddhisme.

Moi, je dis : on voit le communautarisme là où on veut le voir. Là où on veut nous le montrer. Vive Zone Interdite et BFM TV ! Moi, dans ma communauté, on dit *« Allahou Akbar*[20] ! » plusieurs fois par jour, et pourtant on n'est pas dangereux. On ne le dit pas pour faire la guerre, on le dit pour faire la prière. D'ailleurs, on souhaite la paix à son prochain en guise de bonjour. Vous trouvez ça dangereux ?

Franchement, vous trouvez que je représente un danger ? Avec un peu de lucidité et d'honnêteté, vous en conviendrez : pas plus que dans mes jeunes années, lorsque je n'étais pas encore musulmane, pas encore voilée. Et que je me trouvais aux États-Unis dans la communauté des Français.

Pas plus que tous ces pauvres retraités français qui passent l'hiver au soleil, au Maroc. Entre retraités français. Pour boire du champagne servi par Mohammed, pour qui c'est prohibé. À Noël, dont ce n'est pas non plus la fête. Pourtant on n'a jamais parlé de communautarisme des retraités !

Pas plus que tous ces expatriés à Doubaï ou au Qatar, à qui on sert du caviar. Champagne et foie gras à tous les repas (vous pensez qu'il est halal le foie gras ?). Ils se retrouvent entre expatriés. Mais ce n'est pas du communautarisme, là, parce qu'ils sont plusieurs nationalités, plusieurs religions. Alors, on les traite comme des princes !

---

[20] « Dieu est Le Plus Grand ! »

Il faut dire que ces gens-là, même pauvres retraités, même expatriés, ils ont des sous ! Ce n'est pas comme le pauvre musulman qui ramasse leur poubelle ! Donc il faut bien les traiter.

Ça, je m'en souviens : en Amérique, on était bien traités. Nous, la communauté des Français. Les Américains adoraient notre accent français (« *It's soooo cute* [21] ! ») lorsqu'il nous arrivait de parler anglais. Il est vrai qu'il fallait être plusieurs pour arriver à faire une phrase. Mais des fois il fallait bien se débrouiller tout seul. Ben oui ! On n'allait quand même pas emmener toute notre communauté chez le docteur !

---

[21] « C'est troooop mignon ! »

Chez le docteur

Quand j'allais chez le docteur en Amérique, ce qui était compliqué, c'était de parler anglais. Quand tu vas chez le docteur il faut quand même faire appel à un minimum de termes techniques. Et puis, les Américains étaient tellement en extase devant notre si mignon accent français que, l'objet de la consultation, ils finissaient par l'oublier. Tu pouvais très bien te retrouver en train d'être auscultée des pieds alors que tu venais pour une angine !

Ils font super gaffe à ce qu'ils disent, les Américains. Tu ne peux pas dire « noir », « indien », en américain. Ce n'est pas politiquement correct. Heureusement, je n'étais pas encore musulmane, pas encore voilée.

Mon expérience date d'il y a quelques années, alors je ne sais pas maintenant où ils en sont sur le sujet, mais je me demande bien comment le docteur m'aurait abordée. Si j'avais été musulmane, voilée. C'est sûr, il aurait pris des pincettes. « Voulez-vous bien, très chère Lady, me laisser passer la main sous votre pull pour que je puisse écouter votre cœur ? » Non, mais ! T'es amoureux ou quoi ? C'est pas parce que tu prends des pincettes que t'es autorisé à faire n'importe quoi ! Attention, je vais te balancer, toi !

Bon, de toute façon, moi, je m'en fiche parce que, en France, quand je vais voir le docteur, je vais de préférence chez une femme (je vous avais prévenu que j'étais intégriste !). Eh bien, je suis désolée mais moi je pense que le docteur femme (ou doctoresse ou la docteure, je ne sais plus – avec toutes ces réformes de l'orthographe, je suis perdue !), eh bien, je pense qu'elle est plus à même de me comprendre. On a quand même la même constitution ! Autant je ne crois plus à la Constitution française, autant la constitution du corps, j'y crois encore. Même si, de nos jours, on ne sait plus trop où on en est dans le domaine avec toutes les découvertes que l'on fait.

Mais, comme je vous l'ai dit plus haut, je vais voir une femme DE PRÉFÉRENCE. Vous avez bien compris ? Ce qui signifie que je peux aussi consulter un homme. Ça dépend de la situation et de l'organe à examiner.

Pour certaines spécialités qui vont plus toucher à mon intimité, ce n'est pas que je fasse preuve de pudeur mal placée (je vous rappelle tout de même que j'ai été nudiste), mais je préfère avoir affaire à une femme qui, par les mêmes choses sûrement est déjà passée. Et, dans ces cas-là, comment je fais ? Eh bien, s'il le faut, je me déshabille. Comme tout le monde. C'est quand même plus pratique pour être auscultée !

Des fois, je l'avoue, je garde mon foulard sur la tête. Cela dépend si le docteur est à l'heure ou pas. Parce que, le foulard, il ne suffit pas de l'enlever, encore faut-il pouvoir le remettre ! Tout comme je refuse de sortir vêtue d'un sac de pommes de terre, je refuse de ressortir d'un cabinet avec un foulard mal apprêté. Compte tenu de la ponctualité légendaire des médecins français, vous avez deviné que je le garde quasiment tout le temps en fait.

Mais je vous rassure, ça ne gêne en rien l'examination (je crois que je viens d'inventer un mot, il est souligné en rouge sur mon écran – tant pis, je le garde : je l'aime bien – tant pis pour les puristes. Ah ! je viens de vérifier, en fait c'est le mot anglais pour dire examen. Je parle couramment l'anglais sans le savoir !).

Donc, je fais le nécessaire pour consulter UNE (plutôt qu'UN) spécialiste en la matière. Eh ! C'est moi qui paye, je fais ce que je veux ! En plus je n'ai pas de mutuelle donc je ne fais pas gonfler la facture pour être mieux remboursée. Dans ma religion, on est honnête !

Mais, des fois, je n'ai pas le choix. Sur le choix du sexe de mon spécialiste.

Pour la naissance de ma fille, trois jours avant le terme, par un beau vendredi du mois d'août, je dois me rendre à la clinique. Les Franciscaines à Versailles. C'est une clinique tenue par des religieuses. Voilées. Elles sont respectables, ces femmes voilées, et elles te respectent. Même si on n'a pas la même religion.

Je dois voir la sage-femme. Je sonne à la petite sonnette pour aviser de mon arrivée (les sages-femmes ont mieux à faire que de faire le guet). Un jeune homme arrive.

« Bonjour, je viens pour l'examen avant accouchement. Je souhaiterais voir une sage-femme.

– OK, c'est moi. Suivez-moi.

– Euh... vous n'avez pas dû comprendre ? J'ai demandé une... sage-femme.

– Si, si, j'ai bien compris. La sage-femme, c'est moi. Je m'appelle Nicolas. »

Je ne comprends rien. Dans sage-femme, il y a bien « femme » ?!

« Euh... il y aurait moyen de voir une sage-femme FEMME ?

– Non, désolé. Tout le monde est en congé. J'aurais bien aimé. J'aurais moins travaillé. En cette belle journée. »

Donc, je n'ai pas eu le choix. Il a bien fallu que je le suive ! Pour ma grossesse précédente, lors du monitoring avant accouchement, on a détecté que le bébé faisait des ralentissements cardiaques. L'accouchement, on a dû me le provoquer. Alors, je ne pouvais pas prendre de risques.

Ce bébé-ci allait bien. *AlhamdouliLlah*[22] ! Dieu merci ! Le bébé devrait naître dans une bonne semaine car le col était bien fermé (Nicolas avait vérifié). Quant à Nicolas, il était de garde jusqu'à lundi. Ouf ! Je devrais y échapper ! Je devrais avoir droit à une VRAIE sage-femme, bien femme, pour mon accouchement !

Seulement, voilà, je crois que le bébé a eu des affinités avec Nicolas. C'est vrai qu'il était sympa ! Et les gens sympas, ça se ressent même quand on est dans un ventre, même quand on est enfermé.

Donc, le lendemain matin, samedi, j'ai mal au ventre. Ce ne serait pas des contractions ? Plus

---

[22] « Louanges à Dieu ! »

j'avance dans la journée, plus j'ai mal. Bon ben, il va falloir y aller à la clinique ! Je ne peux quand même pas serrer les jambes jusqu'à mardi ! Et puis, là, il est 22 h 00. On ne va pas y passer la nuit !

Donc mon mari m'emmène (il ne m'accompagne pas chez le docteur et il assiste aux accouchements). Je sonne à la petite sonnette et je tombe sur Nicolas. On éclate de rire tous les deux. « Je vous l'avais bien dit que je serais de garde jusqu'à lundi ! ». Oui, mais le bébé, lui, il n'a pas de calendrier !

Bon, tout s'est très bien passé. Nicolas a été adorable et j'ai eu un très beau bébé. Je m'étais déshabillée (comme tout le monde dans ces cas-là ; c'est difficile de faire autrement). Et j'aurais eu le temps d'enlever mon foulard mais j'ai préféré le garder. Je dévoilais le principal. Ça suffisait. Et puis ni l'obstétricienne, ni Nicolas, ça ne les a dérangés.

Mais ce n'est pas toujours le cas. Des fois, dans la médecine, un foulard ça peut poser problème. Je m'en suis rendu compte à l'accouchement suivant.

Grossesse suivante : mon obstétricienne a un accident et ne pourra pas me suivre. Son assistante (indienne, qui est devenue une amie depuis) m'envoie chez une consœur. Docteur Consœur me reçoit dans son cabinet. Il y a des photos de bébés fraîchement nés partout. Et il y a même elle dessus. C'est sûr, c'est une pro et tout le monde l'aime bien, qui lui envoie une photo de son bambin !

Alors, je ne sais pas ce qui s'est passé (les photos devaient dater !) mais moi, j'ai eu droit à un accueil très froid. C'est peut-être parce que j'ai gardé mon foulard. Alors, désolée, mais elle n'était pas à l'heure !

Elle m'annonce qu'elle accouche aux Franciscaines. Ça tombe bien : les Franciscaines, je connais et c'est justement là-bas que je souhaite accoucher. Seulement sa froideur me gêne. Mais, bon, c'est peut-être qu'elle n'est pas habituée, aux femmes voilées. Elle est peut-être intimidée. Alors, je lui laisse une deuxième chance. Rendez-vous un mois après.

Là, c'est sûr, ça va bien se passer. Elle me connaît. Et, vu que mon obstétricienne est accidentée, elle a dû en voir, depuis, des femmes voilées défiler dans son cabinet. Elle a donc dû s'habituer ! Mais non, elle n'avait pas bougé. Toujours les mêmes photos. Toujours la même froideur. Alors là, je veux bien accoucher aux Franciscaines mais pas avec Docteur Consœur, Docteur Froideur. Il fait déjà assez froid, toute nue, sur la table de travail. Alors, on a bien besoin de sourires pour nous réchauffer.

La deuxième chance s'est transformée en seconde chance. Il n'y en aurait pas de troisième. Il ne faut pas exagérer ! J'ai contacté mon amie assistante indienne qui, cette fois, m'a orientée vers Dr Obstétricienne, une vraie, pleine d'humanité. Elle consultait et accouchait aux Franciscaines, ça m'arrangeait.

Un dimanche matin, je me réveille avec une grosse envie d'aller aux toilettes. En fait, c'est plutôt elle qui me réveille. Parce que moi je suis une grosse dormeuse. Il me faut mes quatorze heures de sommeil, enceinte ou pas ! Une fois ma vessie soulagée, je commence à avoir mal au ventre, puis des contractions de plus en plus rapprochées. Oh, mais c'est que ça va vite ! Il va falloir y aller, aux Franciscaines, se faire accoucher !

Je réveille mon mari (il dort moins que moi mais il était tôt et on venait de se recoucher après la prière de l'aube) :

« Il va falloir y aller !

– Où ça ?

– Ben à la clinique, me faire accoucher !

– T'es sûre ? Il n'est pas un petit peu tôt ? »

Il était encore endormi sinon il se serait souvenu qu'à chaque fois que je disais qu'il fallait aller accoucher, c'était le bon moment. Quand tu perds les eaux ou que t'as mal, c'est que c'est le bon moment. Mais, ce n'est pas non plus une femme. Nous n'avons pas la même constitution. Donc, ça, il ne peut pas le comprendre.

Le temps qu'il prenne son petit-déjeuner. Chez lui, c'est sacré ! Un bon café, la grosse tasse. Deux bonnes tartines avec du beurre. Et de la confiture, qu'il faut bien étaler. « Et toi, tu déjeunes pas ? », me demande-t-il alors que je suis pliée en deux sur le canapé. Euh, non. Là, y a rien qui va rentrer. Le bébé va bientôt sortir. (Enfin... je crois que c'est comme ça que ça s'est passé ! Eh ! Je vous ai déjà dit que je n'ai pas une mémoire d'éléphant ! En tout cas, j'avais mal ! Ça, c'est sûr !)

Le temps qu'il se brosse les dents. Ben oui, il faut avoir de belles dents pour accueillir son bébé !

Le temps de déblayer la cour. On était en travaux. Il fallait créer un chemin pour sortir la voiture. Alors, il faut déplacer quelques pavés, chercher deux planches pour pouvoir rouler dessus. Où est-ce que j'ai mis les planches, déjà ? Je ne me souviens plus. Ah oui, elles sont au fond du jardin !

Le temps de faire le plein. Versailles c'était un petit peu loin de mon petit village gaulois et pas sûr qu'on puisse y arriver avec ce qu'il reste de carburant.

Le temps de faire la route.

Je croyais que je n'allais jamais y arriver ! À la clinique. Pour accoucher.

Le temps de tout ça, je croyais que c'était dans la voiture que le bébé allait arriver ! En plus, avec des douleurs comme ça, heureusement qu'il y a la péridurale ! Je vais bientôt y a voir droit. Dieu merci ! Parce que là je ne peux plus supporter. Que Dieu bénisse ceux qui l'ont inventée !

9 h 30. On est enfin arrivés. Il me faut un fauteuil. Je ne peux plus marcher. Merci d'aller en chercher un, s'il te plaît. Mais mon mari ne sait pas à qui s'adresser pour en trouver. Il revient enfin avec le fauteuil. « Mais t'étais où ? Moi, là, je vais bientôt accoucher ! Il faut faire vite ! »

Installée dans mon fauteuil, mon mari m'emmène vite vers la petite sonnette. Cette fois-ci, pas besoin de sonner. On a déjà prévenu de mon arrivée. Cette fois-ci je suis accueillie par une sage-femme femme, une vraie. Mais de toute façon, j'ai tellement mal que, femme ou homme, je m'en fiche. Ça pourrait même être un extraterrestre que ce serait pareil !

Elle me fait un toucher, sans même que j'aie à me déshabiller parce que c'est pressé (comme quoi, quand on veut, on peut !). Col ouvert à neuf centimètres ! Vite, en salle d'accouchement ! Le bébé ne va pas tarder ! Et puis, pas de péridurale, elle n'aura pas le temps de faire effet ! Quoi ? Même pas une toute petite ? Non, ce n'est pas possible, on n'a pas le temps ! Alors, je fonds en larmes. Moi qui m'évanouis, rien qu'en me tordant la cheville ! Oh, mon Dieu ! Je vais avoir besoin de Toi !

« Vous êtes suivie par qui ?

– Dr Obstétricienne.

– Ah, elle a pris son week-end ! C'est Dr Consœur qui est de garde. Elle ne va pas tarder à arriver.

– Ah non ! Mais il n'y a vraiment qu'elle ?

– Oui ! »

Oui, fin juin, tout le monde est pris tous les week-ends (j'en sais quelque chose, entre les tournois, les compétitions et les kermesses). Oh ! Mon Dieu ! Là, c'est le choc ! Je m'effondre. Mais, pas le temps de m'apitoyer.

J'aurais pu garder mon foulard parce que là on n'avait pas le temps. Mais c'était trop d'émotions ! Il fallait que je l'enlève. Ma sueur finissait par déborder.

Pendant tout l'accouchement, je n'ai pas arrêté de hurler. Et Dr Consœur, Dr Froideur, de souffler. Pas une seule parole d'encouragement, pas un sourire.

Jusqu'à ce que je crie : « Mais, faites-moi une césarienne ! Je n'en peux plus ! » Là, elle a parlé : « Mais arrêtez de dire n'importe quoi ! » Ça se voit qu'elle n'a jamais accouché, celle-là ! En plus sans péridurale. Je suis paniquée !

Heureusement que mon mari était là. C'est lui qui m'a encouragée : « Encore un petit effort. On voit la tête de bébé. Il est là. » Et puis, lui, au moins il me faisait des sourires pour me réchauffer. En plus, comme il s'était brossé les dents, j'ai doublement apprécié.

À 9 h 55, bébé est né. Bonjour l'ambiance ! C'est ça le monde des humains ? Aïe, mais en plus j'ai mal ! Aïe, mais ma clavicule est cassée ! Dr Consœur, Dr Froideur, ce jour-là devait être très énervée. En ce pluvieux dimanche du mois de juin, des clavicules, elle en a cassé ! Il faudra qu'elle complète les murs de son cabinet avec autre chose que des photos de bébés ! Là c'est sûr, personne n'allait lui en envoyer !

Je suis enfin délivrée. Là, elle me pose le bébé sur le ventre, en me disant d'un air irrité : « C'est nul ! ». Alors là, mon mari, qui m'a encouragée, qui m'a souri, voit rouge ! Il ne voit pas rouge clair. Il voit rouge foncé ! Déjà qu'il était agacé de l'avoir entendue soupirer pendant tout l'accouchement (heureusement que ça n'a duré que vingt-cinq minutes !) ! Et il s'est énervé.

« C'est vous, qui êtes nulle ! C'est le quatrième accouchement auquel j'assiste et je n'ai jamais vu ça !

– C'est grâce à moi que votre bébé est né ! Vous me devez le respect ! »

Là, mon mari a tellement crié qu'elle a compris que le coup du respect il faudrait qu'elle le fasse à quelqu'un d'autre.

Bon, si je vous raconte mes aventures gynécologiques c'est parce que j'ai un message à faire passer. À tous les docteurs agacés de nous voir garder le voile dans leur cabinet : Soyez à l'heure ! On aura le temps de l'enlever !

La polygamie

Je ne vous ai pas beaucoup parlé de mon mari. Je vais vous en dire un petit peu plus sur lui. Je ne suis pas sa première femme (« *Vous voyez : ils pratiquent la polygamie jusque dans notre pays !* »). Oui, je suis sa deuxième femme parce que, sa première femme, il en a divorcé. Puis avec moi, il s'est remarié. Nous sommes une famille recomposée. Il n'est pas polygame !

« *Heureusement, parce que la polygamie, ce n'est pas normal !* ». Donc là, il va être nécessaire de remettre les pendules à l'heure : l'islam n'a pas inventé la polygamie. Il l'a réglementée pour la limiter et l'amener à disparaître.

Je m'explique. La polygamie existait déjà dans l'Arabie d'avant l'Islam. Seulement, ce n'était pas quatre femmes qu'ils avaient, les hommes. C'était un harem entier. Avec des femmes en nombre illimité. Allant jusqu'à mille femmes si l'homme le pouvait ! Il devait sûrement tirer à la courte paille pour savoir avec laquelle il allait passer la nuit ! Les pauvres femmes, elles n'héritaient pas : elles faisaient partie de l'héritage. De toute façon, c'est vrai qu'un héritage partagé en mille, ça ne fait pas beaucoup !

Donc, l'islam est venu réformer tout ça. Dorénavant, tu dois te limiter à quatre femmes et en plus elle héritera, et les enfants aussi. Tu dois les traiter toutes pareil. Et si tu n'y arrives pas, une seule suffira.

Ça veut dire que si tu offres une Rolex à l'une, il faut que tu achètes la même Rolex à toutes les autres. Alors, à moins d'être un riche Saoudien, tu ne peux pas te le permettre.

Et puis, déjà qu'avec une seule femme tu te prends la tête ! Avec quatre, tu ne peux même pas imaginer ! Mille femmes, ça allait. Elles étaient toutes dans leur harem. Tu ne les voyais jamais. Sauf celle que tu avais tirée. À la courte paille. Mais les harems ont disparu. Quatre, t'es obligé de vivre avec, de cohabiter. Tu les as dans les pattes. Tu risques de trébucher en te les prenant dans les pieds. Et puis une femme, ça crie tout le temps, ça a le syndrome prémenstruel. Voilée ou pas voilée, tu ne peux rien lui dire, à une femme. Elle se vexe tout le temps, une femme. Alors, quatre, non merci !

« *Quatre femmes, ce n'est pas bien ! Nous, c'est des maîtresses qu'on veut. Et puis quatre, c'est trop peu ! Nous, on veut en avoir tant qu'on veut. Et puis, on n'a pas envie de se marier. Ça coûte trop cher en pensions alimentaires. Encore moins de donner tous nos biens en héritage. On a travaillé durement pour les gagner. Si on a des enfants illégitimes, ce n'est pas grave. De toute façon, ils n'hériteront pas. Et puis, bien des fois, on ne sera même pas au courant de leur existence et ils seront placés. Des fois, on flirte avec des filles, qui pourraient être les nôtres. Mais c'est tout bonnement impossible. Et puis, quand bien même, on s'en fout. Notre devise, c'est bien : Liberté - Égalité – Fraternité, non ?!* »

Bon, c'est un peu caricaturé. Mais je veux juste que vous ouvriez les yeux. Je ne fais pas l'apologie de la polygamie. Je veux juste vous dire : chacun ferait bien de balayer devant sa porte. Je ne vous dis pas ça parce que j'ai des origines portugaises ; d'ailleurs, ce n'est même pas une expression portugaise : elle est bien française. Ce qui prouve que les Français en ont bien besoin. Avant de critiquer les autres, regardez ce qui se passe autour de vous !

Mais, après, chacun pense ce qu'il veut : c'est ça la liberté. Même si les autres façons de voir les choses sont différentes, elles sont tout autant valables : c'est ça l'égalité. Quoi que l'autre croie, on le respecte : c'est ça la fraternité. Parce que... chacun voit midi à sa porte.

Vive la République ! Vive la France !

Au revoir

Bon, je vais essayer de conclure vite. Parce que, comme j'aime bien discuter avec les gens, je mets toujours au moins une demi-heure pour dire au revoir.

Mes enfants en savent quelque chose. Quand on doit partir de chez quelqu'un :

« Bon allez, on y va, au revoir ! Ah, au fait blablabla blablabla…

– Maman on y va ?

– Mais ! Cinq minutes ! Allez, on y va. Au revoir. À la prochaine. Ah, mais dis donc, tu sais que blablabla blablabla blablabla…

– Maaaa-man, il est tard !

– Ah, mais vous êtes vraiment pas patients ! Bon, allez, on y va. Au revoir. Salut. Ah, tu m'avais pas dit l'autre fois que blablabla blablabla…

– Oh, mais Maman, ça dure toujours trop longtemps avec toi ! Ce soir y a « Maison à vendre » à la télé !

– Bon, allez, les enfants commencent à s'impatienter. On s'appellera ! Allez, bisous, au revoir ! »

Conclusion

À tous ceux que j'ai cités, évoqués ou tout simplement oubliés, les bienveillants et les malveillants, mes amis et mes ennemis, mon mari, mes enfants et mes parents, je vous remercie vraiment. Sans vous, je ne me serais jamais autant amusée à écrire ce livre.

J'espère que vous aussi, vous avez pris du plaisir à me lire. Et que vous avez compris que ce n'est pas parce je suis voilée que je ne sais pas rire.

J'espère que vous avez compris que je suis comme vous. Même musulmane, même voilée. Je ris, je pleure, je m'énerve. Je peux être intelligente, je peux paraître bête. En gros, je suis humaine.

Alors, la prochaine fois que vous me rencontrez, évitez de me regarder avec pitié : je ne suis pas malheureuse. Ou avec animosité : je ne suis pas dangereuse. Faites-moi un sourire. Je vous le rendrai.

Bon, je vous laisse. Il faut que je retourne à mon *Thermomix*. Le temps d'écrire ce livre, j'ai fait des progrès. Je ne peux plus m'en passer. Alors, promis, pour la prochaine fois, j'apprends à faire le couscous !

Ah, au fait, Jamel, si tu passes dans le coin, n'hésite pas à venir nous voir, mon mari et moi (avec Gad, ce serait super !). Mon mari préparera le couscous et le thé !

Ah, au fait, j'ai oublié de demander pardon à tous ceux qui se seraient reconnus et se seraient sentis offensés. Et je leur pardonne aussi. Ma religion m'a enseigné à pardonner.

Ah, et j'espère que tout le monde a bien compris que mon humour, c'est du second degré ! Et s'il y a des approximations, veuillez m'en excuser (et surtout que Dieu me pardonne).

Ah, et puis, si jamais vous avez aimé le livre, n'hésitez pas à me le faire savoir.

Enfin, je dois aussi rétablir une vérité : je ne suis pas responsable du conflit yougoslave ! Qu'on se le dise !

Salamo alaykoum ! Que la paix soit sur vous !

Postface

Ce livre, je l'ai écrit fin 2018. Je le réédite en 2021, suite aux nombreux commentaires positifs que j'ai reçus, la plupart du temps de la part de parfaits inconnus, afin de le rendre accessible au plus grand nombre (initialement il n'était disponible que chez le géant américain).

Depuis, en France, l'actualité autour de l'islam et du voile a été... comment dire ?... riche (c'est le moins que l'on puisse dire !). Entre le burkini, les mamans voilées et les sorties scolaires, le séparatisme... Et puis, depuis, j'ai investi les réseaux sociaux.

Mais je vous raconterai tout ça dans un prochain livre. Incha Allah !

Alors, restez connecté !

Mes contacts

Instagram : **@marieodettemaryam**
https://www.instagram.com/marieodettemaryam

Blog : **Couscous & Méditation**
https://couscous-et-meditation.fr/

YouTube :
MarieOdetteMaryamPinheiro
http://www.youtube.com/c/MarieOdetteMaryamPinheiro

Linkedin : https://www.linkedin.com/in/momp/

Mail : **maryamcouscous@gmail.com**

Relations presse : **momp.relationspresse@gmail.com**

Vous pouvez me trouver avec ce hashtag : **#momp**

> J'ai hâte d'avoir votre retour. Pensez à utiliser **#MUSULMANECOUSCOUS** sur les réseaux et à me **TAGGUER**.

Du même auteur

Coran et Développement personnel – Regards croisés

Coran – 365 Versets à méditer

(Oui, je ne fais pas que la fofolle, j'écris aussi des livres sérieux !)

Liste des livres de l'auteure actualisée ici :

https://couscous-et-meditation.fr/**mes-livres**/

***

« *Coran & Développement Personnel – Regards croisés* »

Voici le mariage inattendu (pour certains) entre le Coran et le développement personnel qui parlent d'une seule voix sur des sujets tels que : argent, beauté, gratitude, prière... Pour plus de spiritualité et de méditation. Pour atteindre un état zen et favoriser la conversation avec Dieu.

Quand le profane rejoint le sacré pour nous faire vibrer et méditer !

https://couscous-et-meditation.fr/coran-devperso/
#corandevperso

Commentaires :

« *Un livre original, intelligent et profond* »

« *Ce livre est réconfortant et motivant. A méditer, lire et relire...Un classique à avoir absolument à la maison.* »

« *Un livre qui me fait réfléchir et que j'ai vraiment trouvé très intéressant.* » <u>@books_licorne83</u> sur Instagram

« *J'ai eu le plaisir de lire et de relire cet ouvrage qui apporte une paix intérieure !!!* »

« *Je suis profondément admirative et infiniment reconnaissante à Marie Odette Maryam Pinheiro pour ce qu'elle accomplit à travers ses écrits. De plus elle rend accessible à tous, même les plus réfractaires, des notions positives et humanistes qui découlent de l'Islam.* »

« Coran – 365 Versets à méditer »

Voyage à travers 365 versets du Coran (et plus) qui appellent à la méditation, à l'attention du lecteur francophone et néophyte.

Pour avoir un aperçu de la splendeur de la spiritualité musulmane, même si ce livre ne pourra jamais remplacer le Coran en arabe, qui est unique alors que les traductions sont multiples.

Pour une méditation zen.

https://couscous-et-meditation.fr/coran-365-mediter/
#coran365

Commentaires :

« Il me semble en effet très intéressant comme point de départ à une méditation. J'imagine bien l'ouvrir au hasard (qui n'existe pas) et partir d'un verset comme point d'orgue à la méditation. Et aussi, regarder la table des matières et, en fonction du sentiment dominant à cet instant, lire le verset qui correspond. » Marie-France

« Il est excellent et m'a permis en tant que convertie d'apprendre plein de choses qui sont dans le Coran mais par thème. Cela facilite la compréhension. Je l'ai montré à ma mère qui vivait mal ma conversion mais qui a accepté d'en lire des extraits et même elle voit l'islam différemment maintenant. » Sandra

« Bravo pour ce travail énorme ! Un livre à offrir, sans aucun doute, un condensé de sagesse et d'apaisement. » Emilie Fatiha